Departamento de publicaciones especiales

Coordinación editorial y comercial
Luis Mariano Barone

Dirección creativa
Carlos Alberto Cuevas

Coordinación de obras y marketing
Ana María Pereira

Dirección de arte
Armando Andrés Rodríguez

Edición y supervisión de la obra
Laura Alejandra Romaniello - Federico Docampo

Edición ejecutiva
Gabriela Andrea Fazzito

Diagramación y diseño
Ana Solange Coste - Mariana Paula Duarte

Ilustraciones
Víctor Páez

Fotografías especiales
Julia Anguita - Ariel Carlomagno

Impreso en Pressur Corporation S.A.
República Oriental del Uruguay

Todos los derechos reservados
© **CULTURAL LIBRERA AMERICANA S.A.**
Buenos Aires - Rep. Argentina

Presente edición:
© **LATINBOOKS INTERNACIONAL S.A.**
Montevideo - Rep. O. del Uruguay

ISBN: 9974-7915-8-8

Edición 2005-2006

Queda prohibida la reproducción total o parcial de este libro, así como su tratamiento informático, grabación magnética o cualquier almacenamiento de información o sistemas de recuperación o por otros medios, ya sean electrónicos, mecánicos, por fotocopia, registro, etc., sin el permiso previo y por escrito de los titulares del copyright.

```
372.6    Forero, María Teresa
FOR         Cómo escribir correctamente y sin errores: Técnicas de
         comunicación escrita / María Teresa Forero. --
         Montevideo, Rep. Oriental del Uruguay :
         © Latinbooks International S.A., 2005.
            120 p. : il. ; 18 x 25.5 cm.

            ISBN 9974-7915-8-8

            1. COMUNICACIÓN ESCRITA. 2. NARRACIÓN.
         3. REDACCIÓN. 4. PLANIFICACIÓN DE UN TEXTO.
         5. BÚSQUEDA DE EMPLEO. I. Título.
```

Lic. María Teresa Forero

Cómo **escribir correctamente** y sin errores

Técnicas de comunicación escrita

A modo de presentación

En un comienzo, el dominio de la escritura fue privilegio de minorías selectas, pero con la llegada de la imprenta durante el Renacimiento, el auge que cobra la literatura a partir del Humanismo, la Ilustración y la paulatina politización de la sociedad en los siglos posteriores, la letra escrita ha cobrado un papel protagónico en el desarrollo de nuestras sociedades, erigiéndose en una vía imprescindible de expresión humana.

En nuestros días, la explosión de los medios informativos, la gran variedad de periódicos y revistas que circulan, la llegada de Internet y la increíble cantidad de libros impresos anualmente, nos confirman el dominio indiscutido de la escritura. En cualquier ámbito laboral, se ha constituido en una herramienta de manejo imprescindible para un eficaz desenvolvimiento de nuestras aptitudes.

Esta obra llega a tus manos para ofrecerte un abanico de técnicas para dominar la comunicación escrita y superar las dificultades más comunes que se presentan en el momento de enfrentarte a una página en blanco. Podrás encontrar las maneras más prácticas de planificar un texto. Proponemos ideas, esquemas y revisiones. Brindamos una descripción de los distintos tipos de textos, su clasificación, su diversidad y sus variedades. Ofrecemos instrumentos sencillos para elaborar toda clase de cartas y realizar narraciones precisas. Mostramos cómo se usa el diálogo y exponemos las bases de un texto expositivo. También ofrecemos las mejores herramientas para redactar informes, monografías y reseñas. Por último, facilitamos al lector propuestas efectivas para realizar la mejor carta de presentación ante la sociedad: el currículum vitae.

Con esta obra asumimos el compromiso de responder a las necesidades laborales y estudiantiles de un mundo en desarrollo.

Los editores

Índice general del volumen

> *La planificación de un texto* 5
> Un poco de orden 6
> Las "herramientas" de un texto 9
> Poner en orden las ideas 13

> *A partir de la página en blanco* 19
> ¿Por dónde empiezo? 20
> El esquema básico de un texto 24
> Para expresarnos mejor 26

> *La descripción* 29
> Los datos de los sentidos 30
> Los cinco sentidos 32
> El observador 38

> *Pintar con palabras* 41
> Espacios, animales y personas 42

> *El arte de narrar* 51
> La narración 52
> Los personajes 54
> Diferentes formas de contar 57

> *El género epistolar* 63
> Cartas familiares y formales 64

> *La voz de los personajes* 75
> El diálogo 76
> Introducir los diálogos 81

> *Bases de un escrito expositivo* 87
> Los pasos previos 88

> *Monografías e informes* 93
> La investigación escrita 94

> *Buscar trabajo* 101
> El currículum vitae 102
> Datos concretos 104
> La carta de presentación 110

> *En busca de la perfección* 113
> Preposiciones, adjetivos y adverbios 114

La planificación de un texto

> *Las herramientas de un texto.*
>
> *Poner en orden las ideas.*

Antes de comenzar a escribir —no importa de qué género se trate, ni si es una comunicación formal o informal— debemos pensar qué queremos transmitir, qué objetivo persiguen nuestras palabras. Parece sencillo, pero no lo es. Hace falta claridad mental y un poco de orden.

Cómo escribir correctamente y sin errores

Un poco de orden
A la hora de comenzar

El escritor estadounidense Richard North Patterson dijo: "La escritura no es producto de la magia sino de la perseverancia". En efecto, cada vez que vamos a producir un texto debemos pensar qué intención comunicativa tenemos, establecer luego el tipo de texto adecuado y emplear las estrategias más convenientes para salir airosos. ¡Aquí te las ofrecemos!

Tipos de textos

Como primer paso para que tengas una exitosa comunicación escrita, conviene que conozcas los tipos de textos más usados.

Cada tipo de texto tiene una estructura y un propósito que son propios de él.

La primera pregunta que debemos hacernos es cuál es nuestra intención al producir ese escrito. Si bien hay textos que pueden tener más de una intención, debemos tratar de determinar cuál es la que predomina. Por ejemplo, en una carta a un familiar que vive en otro país y desea conocer el nuestro, podemos describirle cómo es la ciudad en que vivimos y también darle instrucciones sobre el tipo de ropa que deberá traer, por qué medio de transporte le conviene llegar, si tiene que aplicarse alguna vacuna, etcétera.

Las cartas son modelos de textos descriptivos.

Capítulo I - La planificación de un texto

Cada tipo de texto tiene elementos lingüísticos y una estructura que son peculiares, aunque comparta con los demás muchos otros. Así, por ejemplo, en un texto explicativo puede haber también una función argumentativa, pues se pretende comunicar cómo son las cosas; por lo tanto abundan los conectores explicativos (*porque*, *puesto que*, *así pues*, *en consecuencia* y otros). Generalmente, la estructura de estos textos es: **a)** presentación del tema; **b)** desarrollo; **c)** conclusiones, y a veces se agrega **d)** resumen.

Por dar otro ejemplo (la totalidad de los tipos de textos la podrás observar en el cuadro de la página siguiente), podemos decir que los textos retóricos, en los cuales predomina el arte del buen decir, de dar al lenguaje escrito o hablado eficacia bastante para deleitar, persuadir o conmover, no tienen características tan específicas como los epistolares o los científicos. En los géneros literarios, abundan los casos en que los tipos textuales se encuentran mezclados o el autor alterna pasajes de distintos tipos. Es decir, difícilmente una novela pueda situarse enteramente en un tipo textual; es probable que posea pasajes o párrafos narrativos, descriptivos, argumentativos, retóricos, etcétera.

Cuando queremos expresar nuestras ideas lo hacemos a través del texto argumentativo.

A lo largo de sus páginas una novela suele recorrer diferentes tipos textuales.

Cómo escribir correctamente y sin errores

Características de los tipos textuales

Tipo de Texto	Intención comunicativa	Modelos
Descriptivo	Cómo es algo. Evoca, representa, sitúa objetos y seres.	Novelas, cuentos, postales, cartas, guías turísticas, libros de viajes, reportajes, diarios, poesías.
Narrativo	Qué ocurre. Relata hechos, acontecimientos, acciones.	Noticias, novelas, cuentos, textos de historia, diarios, biografías, memorias, chistes, historietas.
Convencional Epistolar	Qué dicen, qué se cuenta. Representa conversaciones por escrito.	Diálogo, piezas teatrales, de cine, de televisión, de radio, entrevistas, cartas, solicitudes, correo electrónico.
Instructivo	Cómo se hace.	Instrucciones de uso, recetas de cocina, normas de seguridad, campañas preventivas.
Explicativo	Porqué es así, cómo es, qué es. Hace comprender un tema.	Libros de texto, enciclopedias, diccionarios enciclopédicos, artículos de divulgación, monografías.
Argumentativo	Qué pienso, qué defiendo, a qué me opongo. Expresa opiniones para defender algo.	Artículos de opinión, ensayos críticas de prensa, valoraciones, discursos, publicidad.
Científico	Qué se investiga. Analiza algo con métodos científicos; describe objetivamente, formula hipótesis y teorías.	Artículos científicos, tesis y teorías.
Predictivo	Qué pasará. Expresa anticipación de hechos.	Previsiones meteorológicas, programas electorales, horóscopos, prospecciones políticas o sociales.
Retórico	Cómo se dice. La intención es impactar al lector por medio de la forma.	Poesía, novelas, cuentos, discursos, letras de canciones, publicidad.

Capítulo I - La planificación de un texto

Las "herramientas" de un texto

Las herramientas de la comunicación oral y escrita son las palabras. Pero con ellas no basta. Toda lengua tiene normas que es necesario seguir para que la comunicación sea eficaz..., y también correcta y bella.

El manual de instrucciones

Si estamos de acuerdo con que las palabras son las herramientas de la comunicación, no sería descabellado decir que la gramática de una lengua es el manual de instrucciones que nos permite aprender a usarlas de la manera más productiva posible, sin cometer errores ni correr riesgos. Específicamente, la gramática es la ciencia que estudia los elementos de una lengua y sus combinaciones, pero también se les llama así a los tratados que recopilan las normas de uso.

¿Qué es la concordancia?

Para comprender de qué se trata, lo mejor es servirnos de un ejemplo. Supongamos que lees esto:

Durante temperatura zona las que en mucho vivirían elevada llegaría días descienden noche día a ser pero la en

Intentamos ordenar las palabras y, tras un esfuerzo y pérdida de tiempo, queda así:

Las temperaturas en la zona en que vivirían llegan a ser elevada durante el día, pero descienden mucho durante la noche.

Se entiende, pero hay un error: el sujeto es **plural** (las temperaturas) y el adjetivo que se refiere a ellas está en **singular** (elevada). La oración es incorrecta desde el punto de vista de la concordancia. El adjetivo calificativo debe concordar con el sustantivo. Lo correcto es temperaturas elevadas.

La concordancia, en este caso, debe darse entre el sustantivo núcleo del sujeto y el predicativo obligatorio.

Cómo escribir correctamente y sin errores

Problemas de concordancia

La concordancia entre sujeto y verbo se establece por el número y la persona, pero existen casos especiales...

Casos especiales de concordancia entre sujeto y verbo

Recuerda que el modificador indirecto es el complemento encabezado por una preposición

- Si el núcleo del sujeto es un sustantivo de sentido colectivo y está seguido de un modificador indirecto en plural, el verbo puede ir en singular o en plural: "Gran número de vacas pastaba (o pastaban) en el prado".

- Cuando el sujeto es un nombre de lugar en plural, el verbo va en singular: "Los Ángeles **es** una ciudad de California".

- Si el título de una obra es un sustantivo plural, el verbo va en singular: "Las *Meninas* **es** de Velázquez".

- Cuando aparece la conjunción *ni*, el verbo va en singular o en plural: "No me gusta (o gustan) el vino ni la cerveza".

- Si los núcleos del sujeto son dos infinitivos sin artículo, unidos por una conjunción, el verbo va en singular: "Comer y no invitar **es** mala educación".

- Un sujeto compuesto formado por varios núcleos resumidos con las palabras "todo" o "nada" lleva el verbo en singular: "La oscuridad, el silencio, el abandono, todo lo entristecía".

- Cuando dos núcleos forman una unidad conceptual, el verbo puede ir en singular o en plural: "El aplauso y el griterío fue (o fueron) algo memorable".

- Cuando los elementos que constituyen el sujeto están coordinados por medio de la conjunción disyuntiva *o*, el verbo puede aparecer en singular o plural sólo en los casos en los que el verbo está delante del sujeto: "Como la profesora faltó, la reemplazará (o la reemplazarán) la secretaria o la directora".

- Cuando el verbo va después del sujeto, lo correcto es usar el verbo en plural: "La secretaria o la directora reemplazarán a la profesora que faltó".

- Cuando un sujeto está formado por un sustantivo en singular seguido de una aclaración encabezada por formas como *además de*, *con*, *junto con*, etcétera, es preferible utilizar el verbo en singular: "Carlitos, junto con sus dos hermanos, vino a buscarme para ir a jugar a la pelota".

Capítulo I - La planificación de un texto

Reglas de concordancia entre el adjetivo y el sustantivo

> Si el adjetivo modifica a varios sustantivos del mismo género, no se presentan inconvenientes: *Tiene una boca y una nariz divinas. Su pelo y sus ojos son hermosos.*

> Si los sustantivos son de distinto género, el adjetivo debe concordar con ellos en masculino plural: *Tanto la escenografía como el vestuario eran preciosos.*

> Si hay dos sustantivos y éstos son propios, el adjetivo irá en plural: *Queridos Juan y María.*

> Si la concordancia debe hacerse con dos sustantivos que se refieren al mismo individuo, el adjetivo tiene que ir en singular: *Era una esposa y madre ejemplar.*

> Si los dos sustantivos pueden ser considerados como una unidad, el adjetivo debe ir en singular: *El examen incluirá historia y geografía europea.* Pero si los dos sustantivos aparecen determinados por un artículo, el adjetivo irá en plural: *La historia y la geografía europeas son mi pasión.*

> Si un adjetivo precede a varios sustantivos, la concordancia se da por proximidad: *La espantosa forma y color de esa mesa. El espantoso color y forma de esa mesa.*

> Los adjetivos posesivos van siempre en singular: *tu papá y tu mamá y no tus papá y mamá.*

Casos especiales de la concordancia entre adjetivos y sustantivos

> Los sustantivos singulares con sentido colectivo llevan el adjetivo predicativo en plural: "Una gran cantidad de asistentes se consideraban estafados".

> Cuando se trata de dos o más adjetivos que modifican conjuntamente a un sustantivo, el primero –y eventualmente el segundo– de ellos mantiene invariable la terminación masculina singular, mientras el último concuerda en género y número con el sustantivo al que califica. Ejemplos: tesis histórico-sociológica, clase teórico-práctica, debate ético-político.

> Cuando a un sustantivo en plural lo siguen varios adjetivos, éstos van en singular: *Dame los broches rojo, azul y verde* (= dame el broche rojo, el broche azul y el broche verde).

Los adjetivos predicativos modifican a un sustantivo "pasando a través" del verbo.

Mi amor, te dije que compraras un tapado de zorro o de armiño no un tapado de zorro y de armiño.

Cómo escribir correctamente y sin errores

El objeto indirecto se reemplaza por le o les y admite las preguntas "a quién" o "para quién".

- Dos sustantivos unidos por el coordinante disyuntivo *o* llevan el adjetivo en singular: *Un abrigo o una roja. Una capa o un abrigo rojo*. Observa que el adjetivo concuerda en género con el último sustantivo.

- Cuando se refieren a un color, aunque el sustantivo esté en plural, los adjetivos van en singular: *Ojos verde oscuro*.

Errores en la concordancia de pronombres

Un error muy frecuente es el que ocurre cuando en una oración hay un objeto indirecto duplicado. Éste aparece como sustantivo y como pronombre "le" o "les". Veamos un ejemplo: **Le dije a mis amigos que los extrañaría*.

El error consiste en que el pronombre "le" duplica al objeto indirecto "mis amigos", y éste está en plural. La forma correcta es: *Les dije a mis amigos que los extrañaría*.

¡Tómeme la denuncia sin faltas sintácticas! ¡El entrar y salir de camiones no me deja dormir! ¡"Deja", en singular"!

Las licencias de los grandes

Las normas gramaticales establecen que entre un sustantivo y su modificador indirecto no puede haber signos de puntuación. Sin embargo, el gran poeta español Pedro Salinas, en su libro *Razón de amor*, comienza uno de los poemas de esta manera:

*Miedo. De ti.
Quererte es el más alto riesgo.*

Otra regla sintáctica establece que los coordinantes unen elementos de igual valor: sustantivos con sustantivos, verbos con verbos, etcétera. Pero Julio Cortázar, otro gran autor del siglo XX, en su cuento "No se culpe a nadie" transgrede semánticamente esta norma.
El cuento narra las vicisitudes de un hombre que, al ponerse un pulóver, siente que éste lo asfixia: no puede sacar la cabeza del escote, no puede quitárselo y, desesperado por la falta de aire, se acerca a la ventana y dice: "Sintió el aire fresco, el alivio y doce pisos".

Pedro Salinas (1891- 1951).

Capítulo I - La planificación de un texto

Poner en orden las ideas

Para que lo que escribimos tenga sentido, es fundamental que nuestras ideas sean expuestas en una sucesión lógica. Cada párrafo se corresponde con una unidad de sentido. Veámoslo detalladamente...

La unidad de sentido

Un párrafo es la parte de un escrito que comienza con mayúscula y termina en un punto y aparte. Cada párrafo debe tener unidad de sentido. Puede estar formado por varias oraciones relacionadas entre sí porque responden a una idea semejante:

Cuando tengas que escribir un texto, debes ordenar el contenido en "secuencias" temáticas. Cada secuencia será un párrafo. En los capítulos siguientes encontrarás sugerencias para ordenar cada uno de los tipos de textos.

Cuanto más corto sea un texto, más importante es distribuir los párrafos, puesto que no hay división en capítulos, secciones, apéndices, partes, etcétera.

Hay tantas maneras de escribir como escritores y escritoras.

Párrafo 1: la mujer

La mujer no se atrevía a pensar. Cuando creía oír pisadas de bestias se lanzaba a la puerta, con los ojos ansiosos; después volvía al cuarto y se quedaba allí un largo rato, sumergida en una especie de letargo.

Párrafo 2: el bohío

El bohío era una miseria. Ya estaba negro de tan viejo, y adentro se volvía inhabitable desde que empezaban las lluvias.

En un bohío, Juan Bosch, dominicano.

Es aconsejable que los párrafos de un texto no sean demasiado largos.

Cómo escribir correctamente y sin errores

Para dominar la división en párrafos, numéralos y dales un título. Esto te ayudará a ordenar el texto.

Una buena organización no sólo facilita la redacción de los escritos, sino que también favorece una prolija presentación. Ten en cuenta que, en los libros, estás acostumbrado a leer textos ya editados, es decir, adaptados a las normas de estilo de cada publicación; pero, cuando escribes, tú mismo debes encargarte de que lo escrito tenga la forma más adecuada para ser leído por los demás.

La extensión de un texto varía según el tipo que se trate, el tamaño del papel y de la letra, etcétera. Los manuales de estilo periodístico aconsejan no hacer párrafos largos. Veamos estos ejemplos gráficos:

es que se escriban de 3 a 8 párrafos, y que cada uno tenga entre 3 y 4 frases.

Para que en un escrito hecho con máquina de escribir o con el procesador de textos de una computadora se perciba a simple vista la separación en párrafos, lo conveniente es dejar una pequeña sangría o cuadratín. Otra opción es empezar junto al margen, pero dejando una línea en blanco entre párrafo y párrafo.

Cadenas de datos

Así como anotamos las actividades en una agenda sin mezclar los datos, antes de escribir un texto, puede ayudarte apuntar las ideas por orden, en una cadena.

En una página carta o A4 es ideal escribir entre 3 y 8 párrafos.

A simple vista, escogeríamos el esquema C. El esquema A asusta: es muy largo, agobia sólo con mirarlo. El esquema B da la impresión de saltar de un tema al otro, y suponemos, a priori, que no se profundiza nada.

En general, para una página tamaño carta o A4, lo ideal

Para escribir un texto, lo ideal es ordenar el contenido en secuencias temáticas.

Capítulo I - La planificación de un texto

Una cadena contiene los títulos de lo que vamos a comunicar y se arma en sentido vertical.
Por ejemplo:

Los irlandeses en el siglo XVI.

Seguían las leyes tradicionales del siglo VI.

La tradición pedía la reparación personal de un delito.

El agresor pagaba a la familia del agredido, no a la sociedad.

Me entendiste mal. Pedí que trajeran una cadena, pero de datos.

Con esta cadena, se puede armar luego un texto, agregándole detalles. Veamos cómo quedó:

"Los irlandeses, igual que los galeses, conservaron su herencia celta, en parte por ser un pueblo conservador. Por ejemplo, en una fecha tardía como el siglo XVI d. C., cuando los estatutos ingleses eran ley oficial sobre el territorio irlandés, había lugares de Irlanda donde se acataban las leyes arcaicas tradicionales, escritas mil años antes. Estas leyes se basaban en una sociedad tribal en la que los hombres eran responsables ante el otro más que ante un Estado impersonal. Así, un delito no era una ofensa civil que debía ser castigada por el Estado, sino que quien cometía una fechoría debía pagar su deuda a la familia de la parte perjudicada, no a la sociedad."

(Fuente: *Los celtas I*, ediciones Time/Life)

Una cadena de datos es sumamente útil para elaborar textos explicativos y científicos.

15

Cómo escribir correctamente y sin errores

Cuadros sinópticos

Los cuadros sinópticos ayudan a organizar el material, y a estudiar cuando los hacemos para resumir un tema.

Un cuadro sinóptico resume un texto –por lo general, informativo– organizándolo con llaves y corchetes. En el cuadro sinóptico, el autor recopila datos y los vuelca con enunciados breves. Al hacerlo, de alguna manera establece categorías de importancia, pues en él se incluyen sólo los datos más relevantes. Por ejemplo:

Hidratos de carbono

> **Azúcares simples:** Son absorbidos por el intestino sin transformaciones.
>
> - **Funciones**
>   - Son el combustible por excelencia.
>   - Proveen energía.
>
> - **Fuentes alimenticias**
>   - Bananas o plátanos, ciruelas, peras, manzanas, cerezas.
>   - Cítricos dulces (naranja, mandarina).
>   - Miel.
>   - Higos secos.
>   - Zanahorias.
>
> **Azúcares dobles:** El organismo debe transformarlos en simples.
>
> - **Fuentes alimenticias**
>   - Azúcar de caña.
>   - Mermeladas.
>   - Chocolate.
>   - Fideos y pastas hechas con harina.
>   - Arroz, patatas.

"Deslizarse" a través de un texto

A veces, al leer, tenemos la impresión de estar "deslizándonos" por el texto. En otros casos, en cambio, leer es una dificultad y avanzamos muy lentamente. Esto se conoce como *la legibilidad* de un texto.

A partir de 1920, en Estados Unidos, enfocaron el estudio de la legibilidad y, tras varios años, llegaron a la conclusión de que ésta dependía de factores lingüísticos. Crear un texto por el cual el lector pueda "deslizarse" no significa escribir sobre temas banales o superfluos. Deslizarse por un texto no es un "juego de niños". Nos "deslizamos" por los textos de Gabriel García Márquez o de Mario Benedetti porque, además de sus argumentos

La legibilidad de un texto depende de varios factores lingüísticos.

o de su ritmo, la belleza del lenguaje, y su estilo, poseen ciertas características.

Alta legibilidad

- Palabras cortas.
- Frases breves.
- Lenguaje conciso.
- Presencia de algunas repeticiones que refuerzan lo dicho.
- El verbo ocupa el lugar más "lógico" en la frase (preferencia por la sintaxis que respeta el orden sujeto-verbo-complementos).
- Presencia de marcadores textuales (ver recuadro en página siguiente).
- Lenguaje apropiado a la situación comunicativa.

Baja legibilidad

Los textos que resultan difíciles de leer tienen estas características:

- Palabras largas y complejas.
- Frases extensas.
- Lenguaje abstracto.
- Párrafos muy amplios.
- Muchas subordinadas en una oración.

¡Yo sí que me deslizo por los textos!

- Palabras más importantes al final.
- Exceso de sufijos cultos, como en los vocablos terminados en *-logía* (analogía, aparatología, necrología), en *-ción* (tumefacción, industrialización, colonialización), en *-aje* (aprendizaje, mestizaje), prefijos como *in(im)* (incompatibilidad, inconmensurable, impasibilidad), etcétera.

Legibilidad gráfica

En inglés, el término *legibilility*, que se traduce por "legibilidad", se refiere a las características externas del texto: la clase de papel, la tinta de impresión, el tipo y el cuerpo (tamaño) de la letra, la longitud de la línea, el interlineado (separación entre líneas), el tamaño de las ilustraciones, etc. Hay aspectos tipográficos que contribuyen a una mejor legibilidad: tipos redondeados en lugar de estrechos, letras derechas o negritas con preferencia a las cursivas, letras minúsculas en lugar de las mayúsculas, líneas no excesivamente extensas, tamaños de letra relacionados con la edad del lector, etcétera.

Las frases muy cortas y sin conectores producen un efecto "de telegrama" y son más difíciles de comprender.

Cómo escribir correctamente y sin errores

Conectores

Los conectores son palabras que sirven para vincular ideas entre sí. Hay distintos tipos de conectores. Los **causales** expresan las relaciones de causa y efecto; los **consecutivos** manifiestan los efectos, y los **concesivos** señalan oposición.

> *Causales:* porque, pues, ya que, dado que, debido a que, puesto que.
>
> *Ejemplo:* Lautaro está triste porque no tendrá vacaciones.

> *Consecutivos:* de modo que, por lo tanto, en consecuencia, por consiguiente.
>
> *Ejemplo:* Luis no tenía dinero, de modo que no compró el televisor.

> *Concesivos:* pero, no obstante, mas, sin embargo, pese a lo cual.
>
> *Ejemplo:* La policía acudió, pero los ladrones se habían llevado todo.

Compara las siguientes oraciones:

- A. Joaquín faltó al colegio. Tiene gripe.
- B. Joaquín faltó al colegio porque tiene gripe.

- A. Nevó mucho en la cordillera. Cerraron los caminos.
- B. Nevó mucho en la cordillera, de modo que cerraron los caminos.

- A. Rocío es muy inteligente. No logra buenas calificaciones.
- B. Rocío es muy inteligente, sin embargo no logra buenas calificaciones.

Memoria y comprensión

Podemos definir la memoria como la facultad de conservar un conjunto de señales. Es decir, la capacidad que nos permite mantener vivo el recuerdo de datos e informaciones que necesitamos.

Por ejemplo, cuando se nos presenta una situación ya experimentada anteriormente, reaccionamos de un modo distinto de como lo haríamos si se tratara una situación diferente. Si no fuera así, nunca podríamos aprender cosas nuevas. Por eso, todo aprendizaje se basa en lo ya conocido y en la posibilidad de recordarlo. En relación con esto, los estudios psicolingüísticos aportan datos interesantes respecto de la conveniencia de usar frases cortas con conectores. Tenemos una memoria de corto plazo que es la que permite recordar lo que desarrollamos en la actualidad o en el pasado reciente: dónde dejamos la pelota de fútbol, con quién jugamos, quién nos llamó por teléfono, qué desayunamos hoy, etcétera.

Con respecto a los textos escritos, la capacidad media de la memoria es de quince palabras. Esto quiere decir que poseemos una capacidad limitada a segundos para recordar el contenido de una frase. Cuanto más larga sea esa frase, cuantas más palabras tenga, perderemos el hilo de lo que estamos leyendo. Por su parte, las frases demasiado cortas, parecidas a un listado de compras, también son difíciles de recordar si no tienen conectores lógicos.

La memoria también es la facultad que les permite a estos niños recordar las nociones de espacialidad, la textura y la densidad de las cosas, la relación de los objetos con sus propios cuerpos, etc. Todas estas cosas son fundamentales para que puedan jugar sin lastimarse.

A partir de la página en blanco

> *El esquema básico de un texto.*

> *Lo que hay que evitar.*

No sólo los principiantes son víctimas del temor a la página en blanco. Y aunque en estos tiempos cibernéticos, la mayoría de las veces la página es reemplazada por la pantalla de la computadora, la inquietud acerca de cómo empezar un texto sigue aquejando hasta a los escritores más experimentados.

¿Por dónde empiezo?
Los primeros pasos

Si alguna vez has visto alguna página original de un gran autor, habrás notado que en ella hay tachaduras, correcciones, notas, flechas, etcétera. Salvo en casos excepcionales, un texto requiere cuidadosa elaboración y, luego, una o más revisiones. En este capítulo, encontrarás algunos consejos que te servirán para todo tipo de comunicación escrita.

Vencer el miedo

Cada técnica se adecua a un tipo de texto más que a otros, pero todas son de enorme utilidad a la hora de comenzar a escribir.

Muchas personas sienten el llamado "temor a la página en blanco". Y, a pesar del uso creciente de los procesadores de texto, en los que no hay páginas sino pantallas, esta expresión sigue vigente. El motivo de ello es que muchas personas creen que los primeros pasos conviene darlos con lápiz y papel.

Una de las clásicas formas de empezar a escribir es la llamada *tormenta de ideas*. Ésta consiste en poner por escrito todo lo que se nos ocurre, sin ninguna censura, y, a partir de lo que surge espontáneamente, "rescatar" las ideas más viables. También puede hacerse una "tormenta de ideas" entre varios.

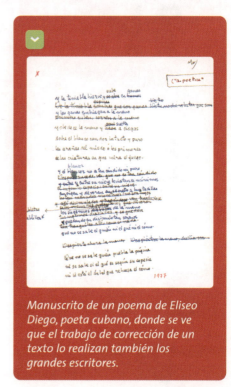

Manuscrito de un poema de Eliseo Diego, poeta cubano, donde se ve que el trabajo de corrección de un texto lo realizan también los grandes escritores.

Capítulo II - A partir de la página en blanco

Es decir, uno aporta una idea, un compañero le agrega la contextualización espacial, otro inventa el conflicto, etc. Es bueno que sea sólo uno quien tome nota de todo lo que se va diciendo.

Algunos consejos para los que se inician

- Es bueno relajarse unos minutos antes de comenzar a escribir, concentrarse en la respiración, dejar fluir los pensamientos; también, tomar al vuelo palabras que pasen por la mente y llevarlas a la página.

- Escribir sin estar pendientes del reloj ni de los resultados; simplemente, hacerlo por placer.

- De todas las ideas que se agolpan en nuestra mente, apuntar una, la más simple, la más atractiva o la primera que podamos atrapar, sin preocuparnos por perder las restantes en el camino.

- Copiar en fichas todos los finales que se nos ocurran para un relato, así como sus inicios, probar todas las combinaciones posibles y elegir la más eficaz.

- Contemplar la vida, los hechos, los sentimientos, las cosas, las palabras... con actitud de asombro, de extrañeza, y escribir a partir de las nuevas percepciones que así tengamos de todo ello.

- Mirar los objetos de nuestra casa como si pertenecieran a otro mundo y escribir según la nueva forma de percibirlos.

- Imaginar varias situaciones que ocurren en distintos lugares a la misma hora, como método para contar algo desde distintos puntos de vista.

- Apelar a nuestros sentidos. Diferenciar aromas, sabores, sonidos, observaciones y sensaciones táctiles de todo tipo e incluirlas en nuestra lista para construir imágenes.

Antes de comenzar a escribir es recomendable relajarse unos minutos.

La estrella de ocho puntas

En el periodismo, se aconseja que todo artículo, nota, reseña, etc., debe responder a las preguntas **quién**, **qué**, **cuándo**, **dónde**, **cómo** y **por qué**. La técnica de la estrella de ocho puntas toma esta premisa y le agrega dos ítemes más: **cuántos** y **para qué**.

Traza una estrella de ocho puntas como la del dibujo. Busca una respuesta para cada pregunta y trata de darle un enfoque original. Anota todas las ideas que se te ocurran.

Luego, recuerda que tu escrito deberá tener una **introducción**.

El **desarrollo** estará dado por las respuestas a las preguntas de la estrella.

Cierra el escrito con una conclusión, una frase relevante o una cita. Las puntas de la estrella también te guiarán para la división en párrafos.

El dado

El dado es otra técnica para explorar un tema. Se utiliza con éxito, sobre todo, en textos informativos y explicativos, y consiste en preguntarse sobre los distintos puntos de vista que puede tener un mismo hecho.

Un dado tiene seis caras con diferente cantidad de puntos. Cada punto, en esta técnica, propone un abordaje distinto.

- **1. Describir.** ¿Cómo es? ¿Cómo se siente? ¿Lo tocas? ¿Lo hueles? ¿Lo saboreas? ¿Qué sensación te produce?

- **2. Comparar.** ¿Se parece a algo? Si es un hecho nuevo, ¿de qué manera se diferencia?

- **3. Relacionar.** ¿Con qué cosas se puede relacionar? ¿Con hechos, con personas, con obras, con el pasado?

- **4. Analizar.** ¿Se divide en partes? ¿En cuántas? ¿Cuáles son esas partes? ¿Cómo funcionan?

- **5. Argumentar.** ¿Qué puedes decir a favor y en contra?

- **6. Aplicar.** ¿Cómo se utiliza? ¿Para qué sirve? ¿Puede tener más de un uso?

Veamos en la página siguiente cómo quedaría un primer plan para escribir un libro de geografía con esta técnica.

Capítulo II - A partir de la página en blanco

Ejemplo aplicando la técnica del dado

1 Describir. Con mapas y fotos en color. Con datos que no agobien, poniendo el acento en los factores humanos y la ecología.

2 Analizar. Se dividirá en capítulos, cada uno con sus fotos, mapas y datos curiosos. Incluirá cómo se llega desde todo el mundo a esos sitios, y sus climas, comidas, costumbres, deportes, idiomas.

3 Comparar. Debería parecerse a una muy buena revista internacional. Tiene que leerse fácilmente, pero sin disminuir la calidad.

4 Relacionar. No se parecerá a un atlas ni a los viejos libros de geografía llenos de datos que se olvidan fácilmente. Tiene que ser similiar a un buen documental.

5 Argumentar. Tendrá una presentación atractiva. Consignará los datos más actuales y algunas curiosidades. Incitará a seguir aprendiendo y a leer más sobre el tema.

6 Aplicar. Servirá para estudiar geografía de una manera atractiva. Podrán usarlo estudiantes y viajeros.

Escritura automática

Similar a la "tormenta de ideas", este método es muy útil para superar el miedo a la página en blanco. Consiste en tomar un cuaderno o varias hojas de papel, y escribir durante diez minutos todo lo que se nos ocurre sobre un determinado tema o los aspectos que asociamos con él. No importan la forma ni la gramática, pues se trata de escribir sin parar, casi sin pensar; de ahí, su nombre.

Esta técnica tiene la ventaja de dejar aflorar experiencias personales, gustos, recuerdos, odios, placeres, etc. Por supuesto que muchas de esas cosas no se utilizarán en el texto final, pero se afirma que con la escritura automática aflora el subconsciente personal y, finalmente, se logra la inspiración. Después de escribir sin detenerte, deja "reposar" lo escrito por un rato. Luego vuelve a leerlo y subraya las buenas ideas. Con ellas podrás comenzar a hacer tu borrador.

La única manera de aprender a escribir es escribiendo.

¡Te juro que estamos preparando un tema de la escuela!

Cómo escribir correctamente y sin errores

El esquema básico de un texto

Algunas personas no hacen esquemas. Puede que sean los que tienen mucha experiencia, los que son casi profesionales de la escritura; pero, en general, trabajar sin un plan es como armar un rompecabezas sin haber visto el modelo para hacerlo: se pierde mucho más tiempo.

La más fácil de desarrollar

Todo texto debe tener una estructura básica. Hay distintos tipos de estructuras; la más común –y que te conviene usar si no eres muy avezado en la escritura– es la de **introducción**, **desarrollo** y **cierre**.

Veamos un ejemplo:

> A todos nos gustaría vivir en un planeta sin contaminación. Un planeta con árboles que nos proporcionen oxígeno, con agua suficiente para todos y sin la amenaza de quedarnos sin combustibles como el gas o la gasolina.

Introducción

> La gran pregunta es de qué manera cada uno puede ayudar a que nuestro planeta azul siga siendo habitable.
> ¿Sabías que una pila de reloj contamina el agua que consume una familia de cuatro miembros durante cuarenta años?
> Por lo tanto, busca en tu ciudad lugares donde reciban pilas usadas o mejor, compra pilas recargables.
> No dejes grifos abiertos o que goteen. Cuando salgas a hacer compras, lleva tu propia bolsa para ahorrar las de nailon, sustancia no degradable (o sea que no se incorpora a la naturaleza cuando se la desecha) y que contamina el suelo. Emplea papel reciclado para disminuir la tala de árboles.
> Evita usar aerosoles, ya que aumentan el agujero de la capa de ozono. Cuando cocines, no dejes que la llama del gas rebase el recipiente. Si vives cerca del colegio..., ¡camina o usa tu bicicleta!

Desarrollo

> En definitiva, se trata de respetar la naturaleza. Como dijo Víctor Hugo: "Da tristeza pensar que la naturaleza nos habla y no la escuchamos."

Cierre

Capítulo II - A partir de la página en blanco

El texto tiene conectores y emplea variantes, como las **preguntas retóricas** o las **enumeraciones**, y aporta ejemplos concretos. Para el cierre, se ha recurrido a la cita de un autor famoso.

Las preguntas previas

Tienes que escribir algo, por eso estás leyendo este libro. O quizá lo lees para cotejar si lo que has hecho hasta ahora está bien, o por la razón que fuere.

Es importante que podamos vencer al miedo a la página en blanco.

Bien, no importan los motivos: tómate unos minutos y responde con sinceridad a estas preguntas. Anota las respuestas en un cuaderno, y todo progreso, por pequeño que fuere, destácalo. Mereces un aliciente por el solo hecho de querer mejorar tu comunicación escrita.

- ¿Te gusta escribir?
- ¿Te da pereza hacerlo?
- ¿Tienes miedo de la página en blanco?
- ¿Cómo calificarías tus producciones escritas?
- ¿Cuál es tu estado de ánimo cuando escribes?
- ¿Piensas antes de escribir, o te lanzas a hacerlo?
- ¿Consultas diccionarios para evitar los errores de ortografía?

- ¿Consultas diccionarios de sinónimos para ampliar tu vocabulario?
- ¿Corriges tus textos?
- ¿Te gusta leer? ¿Qué lees? ¿Cuándo lees?
- ¿Cómo lees? ¿Te tomas algún tiempo para una lectura reflexiva?
- Cuando lees algo, ¿haces notas con lápiz en el margen? ¿Subrayas las ideas principales? ¿Buscas en un diccionario las palabras que no conoces?

Las preguntas retóricas son aquellas que no requieren respuesta.

Para expresarnos mejor

Hay algunas cosas que es necesario tener en cuenta para que la comunicación escrita sea legible y amena. No son privativas de un tipo de texto en particular, sino que se deben aplicar en todos ellos. ¡Atención! Aquí encontrarás también todo lo que tienes que evitar.

Exceso de subordinadas

Elimina de tus párrafos todo aquello que oculte la idea principal.

Las oraciones subordinadas son aquellas que dependen de otras. Utilizarlas no es un error, pero se requiere un poco de criterio para no acumularlas indefinidamente y poner un punto cuando es necesario. Por respeto al lector... Veamos un ejemplo:

María Callas es considerada la mejor cantante de ópera del siglo XX, una fama lograda por sus inolvidables interpretaciones en las que daba al público no sólo su espléndida voz sino también un temperamento que fue tan famoso como sus cuerdas vocales, ya que podía tener enojos violentos o quedar sumida en el desconcierto, como cuando su pareja, el multimillonario Aristóteles Onassis, la dejó para casarse con Jacqueline Bouvier Kennedy.

Tanta palabrería aleja del objetivo principal a tal punto que no se sabe qué se quiso decir.

Orden sintáctico caótico

El orden sintáctico más conveniente para los primeros pasos en la escritura es el de sujeto, verbo, complementos. Naturalmente, puedes hacer variantes, pero trata de que no te ocurra esto:

El director del FBI., Edgard Hoover, quien sobrevivió a varios presidentes, entre ellos a John F. Kennedy, con el que no se llevaba bien, había preparado un archivo secreto sobre personas importantes con datos que podían

provocar escándalos y que él usaría si viese que su cargo estaba amenazado.

Esta oración tiene cuatro subordinadas (ver verbos subrayados), dos de ellas coordinadas por la conjunción "y". El verbo principal (*había preparado*) está en mitad de la oración, y esto hace que resulte difícil determinarlo en una primera lectura.

Veamos cómo queda esto mismo si ponemos puntos y ordenamos la sintaxis siguiendo la secuencia sujeto, verbo, complementos.

El director del F.B.I., Edgard Hoover había preparado un archivo secreto con datos sobre personas importantes. Usaría este archivo para provocar escándalos en caso de que su cargo estuviese amenazado. Hoover sobrevivió a varios presidentes, entre ellos a John F. Kennedy, con quien no se llevaba bien.

Ahora tenemos tres oraciones que siguen el orden sujeto, verbo, complementos. La segunda oración tiene sujeto tácito y la primera palabra es el verbo (usaría). Sólo la tercera oración tiene una subordinada.

Incluir datos irrelevantes

Excepto en las novelas y los cuentos policiales, donde una pista puede estar escondida en un dato aparentemente irrelevante, es mejor que elimines todo aquello que sólo recarga innecesariamente las frases. Ejemplo:

Una señora de unos 35 años, bien parecida y de agradable sonrisa, se introdujo en el importante y moderno sanatorio Del tercer milenio y, con astucias, logró llegar hasta la nursery, de la que se llevó a un bebé de sexo masculino.

El supuesto estilo más formal sólo consigue dificultar la comprensión de lo esencial. Quitando lo innecesario, queda lo siguiente:

Una mujer joven robó un varón recién nacido de la nursery de un sanatorio.

A la izquierda, John Fitzgerald Kennedy, político estadounidese del Partido Demócrata (1917-1963).

A la dercha, John Edgar Hoover, político estadounidense del Partido Republicano (1874-1964).

Subraya las ideas principales de tu texto y revisa si no hay agregados que entorpezcan lo que quieres comunicar.

Cómo escribir correctamente y sin errores

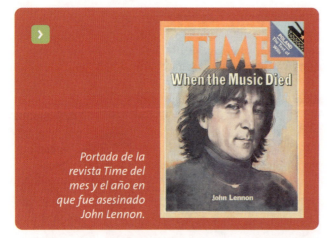

Portada de la revista Time del mes y el año en que fue asesinado John Lennon.

Desdibujar con la voz pasiva

La voz pasiva se forma con el verbo ser y un participio. Muchas veces —sobre todo en artículos periodísticos— se ponen titulares en voz pasiva para que lo más importante quede al comienzo: *"John Lennon fue asesinado frente a su casa por un joven perturbado"*. Salvo que se trate de un caso como el del ejemplo, evita la voz pasiva.

Dejar lo más importante para el final de la frase

Las primeras palabras de una frase son las que más se recuerdan, por ello es conveniente que lo más importante aparezca al principio.

Abusar de los impersonales

Para que un texto sea más claro, conviene dar la información más relevante al principio de cada oración.

Una frase gana en legibilidad cuando hay sujetos y se evitan los verbos impersonales.

Se dice que una oración es impersonal cuando carece de sujeto o se omite éste porque no se conoce o resulta irrelevante para lo que se quiere expresan. Algunos ejemplos de este tipo de oraciones son: *Llueve, Llaman por teléfono, Se necesitan dadores de sangre*.

Pero una frase es más legible cuando queda claro quién realiza la acción que marca el verbo. Recuerda que las oraciones con sujeto tácito son bimembres.

Abusar de los gerundios

Son formas que se usan con mucha frecuencia.

El artista regresó siendo aclamado por el público. (Incorrecto.)
El artista regresó y fue aclamado por el público. (Correcto.)

Otros "errores" que hay que evitar

- **Anfibología.** Se trata de frases que pueden interpretarse de dos o más maneras diferentes. *Esteban fue a casa de María en su coche.* ¿En el coche de quién?

- **Pleonasmo.** Consiste en emplear palabras de más, como en *volar por el aire, persona humana*.

- **Cacofonía.** Consiste en la repetición casual de algunas letras o sílabas que producen un sonido desagradable, como en *atroz zozobra, sin sinceridad*.

La descripción

› *Los cinco sentidos.*

› *El observador.*

Para que otros puedan ver por nuestros ojos, percibir lo que queremos decir y formarse una idea mental de lo que pensamos, muchas veces tenemos que recurrir a las descripciones: de personas, de objetos, de paisajes, de sensaciones... ¿Qué podemos hacer para aumentar nuestros recursos?

Los datos de los sentidos
Registrar sensaciones

Describir es transmitir a través de las palabras la imagen de un ser, de un objeto, de un paisaje. Una buena descripción hace que el lector "vea" en su mente ese ser o ese objeto como si lo percibiese con sus sentidos. Los grandes escritores saben cómo y tú puedes aprender de ellos.

La observación

Las descripciones pueden provocar múltiples sentimientos.

¿Estás acostumbrado a observar lo que te rodea? El primer paso para lograr una buena descripción es observar. Luego hay que reflexionar sobre lo observado, valorarlo en su contexto. No es lo mismo ver una media de mujer en el cajón de una cómoda que en el bolsillo del saco de un hombre.
En este caso provoca *otra sensación*, ¿verdad? Todos aprendimos de niños a conocer los colores, y podemos hablar de las formas de las cosas, de los olores, de ciertas texturas. También podemos referirnos a los movimientos, al sabor. Cada uno de estos aspectos tiene un tratamiento del lenguaje que lo distingue de los otros.

Cómo seleccionar datos en una descripción

Supongamos que debes describir tu casa. Te ejercitas en la descripción y anotas datos de colores, luces, sonidos, olores, etcétera. Sabes que puedes empezar a describirla desde el exterior y luego desplazarte hacia

Capítulo III - La descripción

adentro, o desde adentro hacia el exterior. La pregunta es: ¿cómo seleccionas los datos? La respuesta es: depende del objetivo que persigas.

Puedes describir tu casa para:

- Una compañía de seguros.

- Para expresar tus gustos a un arquitecto que deberá redecorarla.

- Para expresar tus estados de ánimo, tus emociones.

- Para ponerla en venta.

- En una carta, a un amigo que no la conoce.

En la **descripción informativa** (como la que haces para la aseguradora), debes ser preciso, ordenado. No hay que detenerse en detalles ínfimos, como por ejemplo la marca que dejó un pelotazo en el empapelado de la sala.
En una información **expresiva** (la que escribes para el arquitecto que redecorará, o en la carta a tu amigo), hablarás de ciertos objetos, dónde te gusta tenerlos, tus preferencias de colores, olores, sensaciones térmicas, etcétera.
En la descripción **emotiva** puedes incorporar recuerdos, imágenes de algún momento especial en esa casa, como cuando esperaban a los Reyes Magos esparciendo pasto para los camellos en el pasillo exterior. También puedes hacer una descripción emotiva en la carta a un amigo.

Para empezar a describir es conveniente que lo hagas con tus seres queridos.

En la descripción **apelativa**, quieres vender la casa, provocar el deseo de tenerla, de modo que enfatizarás las ventajas: la luz, la amplitud de los ambientes, etcétera, y no incluirás recuerdos personales, ni te detendrás en objetos pequeños.

Los cinco sentidos

La vista, el oído, el tacto, el olfato y el gusto son nuestros aliados a la hora de describir. Para aprovecharlos, debemos focalizar nuestra atención en lo que ellos perciben e intentar traducirlo en palabras.

La vista

En una descripción de tipo pictórico, prevalecen los sustantivos y los adjetivos.

Para descripciones en las que queremos enfatizar lo visual, nos apoyamos en los sustantivos y los adjetivos:

"Se desciñe la niebla en danzantes figuras. Una gaviota de plata se descuelga del ocaso."

Pablo Neruda (chileno)

La luz incide en los paisajes y los pinta de manera diferente.

Puedes emplear algunos de los siguientes sustantivos para mencionar el color de las cosas:

Bermejo, bermellón, encarnado, carmín, granate, añil, índigo, pardo, púrpura, rubí, coral, fuego, sangre, herrumbre, salmón, lapislázuli, azafrán, canario, mostaza, habano, tabaco, canela, glicina, ébano, betún, plomo, ceniza, marfil, nácar, terroso, liláceo, plomizo, acerado, lechoso.

Si nos interesa describir la luz de un lugar o de un objeto, podemos elegir alguna de estas palabras:

Fulgor, brillo, resplandor, chispas, relámpago, centella, destello, reflejo, fosforescencia, espejismo, tornasol, opaco, empañado, deslucido, velado, oscuro, tenebroso, brumoso.

También podemos emplear verbos para provocar imágenes visuales:

Brillar, llamear, relucir, resplandecer, relumbrar, titilar, chisporrotear, reverberar, fosforecer, parpadear, inundar (como en "las tinieblas inundaron el cuarto"), derramar ("la lámpara derrama su luz a lo lejos"), herir ("un faro hirió la oscuridad").

Veamos el siguiente ejemplo:

"El sol, como un vidrio redondo y opaco, con paso de anciano camina al cenit."

Rubén Darío (nicaragüense)

A la imagen visual dada mediante una comparación, se le agregó otra de movimiento.

"Saber que uno no escribe para el otro, saber que estas cosas que voy a escribir nunca harán que me ame quien amo, saber que la escritura no compensa nada, no sublima nada, que ella está precisamente allí donde tú no estás: tal es el comienzo de la escritura."

Roland Barthes (francés)

¡Rodolfo, no estoy para descripciones de movimiento!

agachar, inclinar, torcer, sumergir, emerger, zambullirse, envolver, girar, revolotear, virar, enrollar, rodear, circundar, abrazar, mecer, balancear, acunar, columpiar, bambolear, ondular, hamacar, oscilar, agitar, latir, sacudir, palpitar, temblar, reptar, arrastrarse, zigzaguear.

Los movimientos

Para destacar impresiones de movimiento, nos valemos de los verbos. Hay muchísimas posibilidades con ellos:

Trepar, levantar, despegar, elevarse, empinarse, alzarse, flotar, ascender, izar, enarbolar, remontar, escalar, encaramarse, desaparecer, subir, bajar, alzar, correr, arquearse, caer, fluir, descender, aterrizar, quebrarse, romperse, triturarse, derribar, desplomar, hundir,

Antes de avanzar con otros sentidos, te proponemos lo siguiente: imagina una planta o un árbol que te gusten mucho. Descríbelos un día de sol, con una leve brisa, y en un día tormentoso, con fuertes vientos, o imagina cómo se vería en las diferentes estaciones del año. Acude a los listados de sustantivos, adjetivos y verbos de estas páginas, si lo necesitas. Intenta algunos reemplazos usando sinónimos u otras palabras de las listas.

Para una buena descripción dinámica, emplea verbos de movimiento.

Cómo escribir correctamente y sin errores

El oído

Cierra los ojos cuando termines de leer este párrafo y dedícate a escuchar. ¿Qué sonidos te llegan? ¿El tictac de un reloj, una melodía, el ruido del tránsito, voces? ¿Puedes describirlos?

Alguien podría decir "Oigo el ruido infernal del tránsito". En ese caso, se habría apoyado en un adjetivo ("infernal"), pero hay otros recursos, como el empleo de **verbos de percepción acústica**:

Zumbar, retumbar, tronar, ulular, resonar, roncar, explotar, detonar, crujir, rechinar, chirriar, crepitar, chisporrotear, tintinear, tañer, silbar, rugir.

Si se trata de **la voz humana**, los **verbos** de que dispones son, entre otros:

Hablar, mascullar, decir, declamar, platicar, recitar, charlar, cuchichear, bisbisar, arengar, parlotear, perorar, rumorear, cantar, canturrear, proferir, prorrumpir, vociferar, tararear, exclamar, gritar, clamar, sollozar, ovacionar, susurrar, gemir, murmurar, refunfuñar, musitar, rezongar, gruñir, balbucear, atronar, explotar, roncar, jadear.

En **sentido figurado**, las personas, según cómo hablen, pueden...

...gorjear, aullar, cacarear, bramar, ladrar, rechinar, chillar.

Para referirte a la **intensidad de un sonido**, emplea adjetivos como:

Fuerte, intenso, estremecedor, estruendoso, penetrante, estentóreo, suave, apagado, débil, delicado, cortante, metálico, estridente, gangoso, armonioso, irritante, relajante, sedante, atiplado.

El tacto

Las sensaciones táctiles las percibimos con las manos, los pies, el rostro, la piel, la lengua. Con ellos apreciamos las características de las superficies, las temperaturas, la consistencia de las cosas.
Intenta describir la sensación que te produce tocar un muñeco de peluche, una esponja de baño, una lija para rasquetear paredes.

Para describir sonidos puedes usar verbos de percepción acústica.

Capítulo III - La descripción

> *Palabras mejores que el silencio*
>
> "Uno siente primero que el trabajo intelectual consiste en hacer complejo lo simple, y después uno descubre que el trabajo intelectual consiste en hacer simple lo complejo. Y un caso de simplificación no es una tarea deembobamiento, no se trata de simplificar para rebajar de nivel intelectual, ni para negar la complejidad de la vida y de la literatura como expresión de la vida. Por el contrario, se trata de lograr un lenguaje que sea capaz de transmitir electricidad de vida suprimiendo todo lo que no sea digno de existencia.
> Para mí siempre ha sido fundamental la lección del maestro Juan Carlos Onetti, un gran escritor uruguayo muerto hace poco, que me guió los primeros pasos. Siempre me decía: "Vos acordate aquello que decían los chinos (yo creo que los chinos no decían eso, pero el viejo se lo había inventado para darle prestigio a lo que decía); las únicas palabras que merecen existir son las palabras mejores que el silencio". Entonces, cuando escribo, me voy preguntando: ¿Estas palabras son mejores que el silencio?, ¿merecen existir realmente?"
>
> Eduardo Galeano. El Mundo, de Perú, el 19 de noviembre de 1994.

Para referirte a la **superficie** de algo, puedes emplear estos **adjetivos**:

Liso, suave, terso, parejo, aterciopelado, pulido, áspero, grueso, rugoso, desparejo, pegajoso, húmedo, seco, maleable, bruñido.

Para expresar la **consistencia**, también se emplean **adjetivos** como:

Duro, sólido, macizo, compacto, resistente, consistente, firme, grumoso, blando, elástico, líquido, fluido, muelle, esponjoso, apelmazado, flexible.

Los **verbos** que puedes usar, además de tocar son:

Acariciar, palpar, rozar, presionar, raspar, alisar, frotar, amasar, moldear, manosear, sobar, arañar, pinchar, desgarrar.

Si vas a dar características de la **temperatura**, deberás emplear **adjetivos** como:

Caliente, caldeado, caluroso, cálido, ardiente, candente, abrasador, sofocante, bochornoso, tórrido, hirviente, tibio, fresco, gélido.

Para referirte a impresiones táctiles, deberás emplear adjetivos.

Calor sofocante... ¿Dónde?

Cómo escribir correctamente y sin errores

Piensa en tu comida favorita y en alguna que te desagrade. ¿En qué se basa tu gusto o disgusto?

mantecoso, aceitoso, viscoso, espeso, gelatinoso, líquido, sólido, compacto, duro, grumoso, consistente, resistente, fibroso, arenoso, crocante, crujiente, jugoso, seco, caliente, tibio, frío, fresco, helado, agradable, desagradable, excitante, excelente, exquisito, intenso, sabroso, rico, apetitoso, suculento, insulso, insípido, soso, desabrido, repugnante, nauseabundo.

Los **adjetivos** relacionados con el sentido del olfato son, entre otros:

Aromático, fragante, perfumado, inodoro, fétido, hediondo, estimulante, refrescante, embriagador, sofocante, asfixiante, irrespirable, discreto, fuerte, violento, delicado, penetrante, persistente.

Los **olores agradables** pueden mencionarse como: *aroma, perfume, fragancia, efluvio, esencia.* Los **olores desagradables** se mencionan con los sustantivos *tufo, fetidez, hedor, hediondez, miasma, tufarada.*

El gusto y el olfato

¿Cómo describirías la sensación de saborear un helado de piña? ¿Qué palabra usarías para referirte al olor del chocolate caliente?

Probablemente, pensaste en **adjetivos**. Acá tienes una lista de los adjetivos que puedes emplear para describir las distintas sensaciones relacionadas con el **gusto**:

Ácido, agrio, agridulce, avinagrado, picante, salobre, dulce, dulzón, empalagoso, amargo, salado, esponjoso, pastoso, cremoso,

Recursos para enriquecer las descripciones

Para que tus descripciones sean vívidas y tengan ese "algo más" que las destaque, puedes emplear las llamadas **figuras retóricas**. Esto es, procedimientos que suelen atribuirse a usos literarios..., pero que también usamos todos los días, como cuando decimos *Me la comería a besos* (hipérbole), *Tenía puesto un vestido verde chillón* (sinestesia) o *Vida de perro la suya* (metáfora).

Capítulo III - La descripción

Figuras retóricas

Hipérbaton

Consiste en invertir el orden gramatical de las palabras en la oración e interrumpir la ilación lógica de las ideas.

"Yo quisiera escribirlo, del hombre domando el rebelde, mezquino idioma."

"Cerca del Tajo, en soledad amena, de verdes sauces hay una espesura."

Hipérbole

Es una exageración que tiende a destacar la magnitud de algo:

*Ni nardos ni caracolas
tienen el cutis tan fino,
ni los cristales con luna
relumbran con ese brillo.*
Federico García Lorca (español)

A veces, una hipérbole crea un efecto ridículo, como en:

"Era más fea que lobizón con redecilla"
Isidoro Blaisten (argentino)

Metáforas

La metáfora se emplea en poesía y en prosa para provocar asociaciones.

Consiste en trasladar el sentido de una cosa a otra:

"Rumorosas pestañas de los cañaverales"
Miguel Hernández (español)

*"Carne de música,
rosal de carne loca."*
Juan Ramón Jiménez (español)

Personificación

Con ella se atribuyen cualidades propias de los seres humanos a las cosas inanimadas:

"La ambición se ríe de la muerte."
Francisco de Quevedo (español)

"Sólo se oirá la risa blanca de las estrellas persiguiendo a las sombras por todos los caminos."

Sinestesia

Es la reunión, en una misma expresión, de más de una sensación de distinto tipo: visual y auditiva (*verde chillón*); táctil y auditiva: (*voz aterciopelada*); gustativa y auditiva:

"El dulce lamentar de dos pastores"
Garcilaso de la Vega (español).

Comparación

La comparación establece una relación de semejanza entre dos personas, objetos o ideas, mediante el nexo *como* o con un verbo que signifique "parecer", "semejar":

Como se arranca el hierro de una herida tu amor de las entrañas me arranqué.
Gustavo Adolfo Bécquer (español)

Eufemismo

Es la perífrasis (esto es, un giro del lenguaje), que se emplea para evitar una expresión penosa u horrenda, grosera o malsonante.

Le señaló la puerta (por "echarlo de casa").
Pasó a mejor vida (por "morir").

Las figuras retóricas son procedimientos de uso literario que también se emplean en el lenguaje diario.

El observador

El observador puede ubicarse de distintas maneras frente a lo que describe. Cada una de ellas tiene un procedimiento sintáctico particular, que se relaciona con aquello que se quiere describir y la emoción que se desea provocar en el lector.

Observador testigo o protagonista

"Omnisciente" significa que todo lo sabe, incluso pensamientos, recuerdos, sueños, etcétera.

Quien observa se ubica dentro de lo que describe, ya sea protagonizándolo o como un testigo. Estas descripciones están en **primera persona** y son las más subjetivas. Ejemplo:

Me metí en el caldo caliente de la pieza. Hacía rato que estaba mirando a Celina sin verla, y ahora me dejé ir a ella, el pelo negro y lacio naciendo de una frente baja que brillaba como nácar de guitarra, el plato playo blanquísimo de su cara sin remedio.

Julio Cortázar (argentino)

Descripción objetiva

El observador no participa de la realidad representada. Emplea la tercera persona para llevar adelante la descripción.

Para alojar a mayor número de viajeros, la viuda había dividido y subdividido los cuartos (del hotel) con tabiques de madera y hasta de cartón pintarrajeado y sucio, salpicado de grasas y vómitos.

Manuel Scorza (peruano)

Observador fuera del cuadro

El observador se coloca fuera de la realidad que describe. Se emplea, invariablemente, la tercera persona.

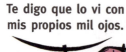
Te digo que lo vi con mis propios mil ojos.

Capítulo III - La descripción

"Para ir a la casa de Tanis, el padre de Sango, a la villa más cercana, había dos caminos. Uno, que dando unas vueltas, se hacía más largo y otro, que yendo siempre derecho, más corto."

Philippe y Pierre Thoby Marcelin
(haitianos)

Cuando el observador se ubica dentro de lo que escribe, realiza una descripción subjetiva.

Observador dentro del cuadro

El autor se coloca dentro de la realidad que describe, suele ser un testigo y, por lo tanto, se emplea la primera persona.

"Los pasajeros más próximos seguían con mayor interés el curso de los acontecimientos. En las miradas de todos, la maligna curiosidad, el placer de ver al prójimo en situación grotesca, encendía un brillo especial. No necesitaba mirarlos de frente para percibir la reacción. Sentí que estaban todos encantados, saboreando el desprestigio de un hombre respetable."

Carlos Drummond de Andrade
(brasileño)

En la noche, apagadas todas las luces, abríamos de par en par las persianas para asomar la cabeza entre la yedra que las enmarcaba. En el silencio de la noche veraniega y despejada se oía el chorro de la manguera con que alguien refrescaba el césped..."

José Donoso (chileno)

Observador en movimiento

El observador se desplaza y su mirada registra lo que ve en torno, como si tuviera en las manos una cámara cinematográfica que recorriera los distintos ámbitos:

"Apenas si dimos unos pasos cuando se cerró [una puerta] pesadamente a nuestras espaldas. Al frente empezaba un largo pasillo en penumbras. Avanzamos hasta un cuarto a la izquierda: la biblioteca. [...] Luego avanzamos

Observador quieto

El observador describe como si pusiera una cámara cinematográfica fija en un sitio. Su mirada podrá ser panorámica, en 180°, pero no se desplazará a otro sitio.

"Mi hermano menor y yo compartíamos la misma habitación.

El lugar imaginario en el que se sitúa el observador, su movimiento o su quietud, determinará los diferentes tipos de descripciones.

39

hasta una celda más oscura que las otras. Nada. Sólo el murmullo del penal."

Ramón H. Jurado (panameño)

Visión parcial

Cuando describas, imagina que tienes una cámara de cine en las manos: ¿la moverías? ¿Cómo enfocarías?

Es una descripción que "recorta" la realidad. El observador casi siempre se ubica en un punto de vista fijo, está quieto, y desde ese lugar observa un aspecto.

"Una estrella grandota, solitaria y pura, que se nos atraganta en la emoción, se enciende, verde, en la descolgada inmensidad sorda. El cenit, de un cárdeno azul desentonado y poderoso, cae, apretando, laminando, alejando más cada segundo el ocaso."

Juan Ramón Jiménez (español)

Visión total

Se describe toda la realidad de una manera sintética. Pueden ser sucesivas y breves observaciones que incluyen distintas sensaciones:

"El pueblo se extendía al borde de la sabana, menudo, bajo grandes árboles. En el centro, una plaza desnuda cubierta de hierba medio reseca, con un botalón en medio. Alrededor, en cuadro, cuatro o cinco grandes casonas blancas, de enormes ventanas, largos aleros y hierbajos en las tejas oscurecidas."

Arturo Uslar Pietri (venezolano)

La descripción científica o técnica

En los ejemplos anteriores hemos visto descripciones literarias, que son las que pretenden despertar un sentimiento y tienen en cuenta la belleza de la forma. En una descripción científica, técnica o instructiva, el observador debe procurar ser objetivo, preciso, claro. Los elementos a describir deben estar ordenados, ya sea de lo particular a lo general, o de lo general a lo particular.
En estas descripciones, se emplean palabras técnicas o científicas y no se usan metáforas, personificaciones, sinestesias o hipérboles.
"El corazón es, poco más o menos, del tamaño de un puño, y está encerrado en una envoltura protectora llamada pericardio. Está unido al cuerpo únicamente por los grandes vasos sanguíneos que salen de su parte superior. Está dividido en dos partes, derecha e izquierda, por un tabique impermeable a la sangre. Cada una de esas partes es una bomba separada."

Henry Morton Robinson (estadounidense)

¡No puedo describirlo, es divino!

Brad Pitt

Pintar con palabras

- *Paisajes, lugares y casas.*
- *Animales.*
- *Personas.*

Poner en palabras la impresión que nos causa un ambiente, una casa, un animal, una persona suele ser mucho más complejo que encontrar una buena combinación de sustantivos y adjetivos. Para lograr una descripción vívida es necesario apelar a nuestros sentimientos.

Cómo escribir correctamente y sin errores

Espacios, animales y personas
Observar para describir

Dicen que el amor es ciego. Cuando describimos un lugar donde fuimos felices, una mascota entrañable o a una persona a la que amamos, es como si la viésemos con los ojos y con el corazón. Algunas descripciones, además de emplear los cinco sentidos, incorporan elementos emotivos, como si fueran pinceladas dadas con los sentimientos.

Descripción de lugares y de casas

Para crear una determinada atmósfera en una descripción, a veces sólo se requieren pocos elementos bien escogidos:

"La casa era inmensa y tenebrosa, y el paraje mismo causaba una rara congoja por la vegetación brutal y el río de aguas negras y escarpadas que se desbarrancaban hasta los platanales de las tierras calientes con un estruendo de demolición."

*Gabriel García Márquez
(colombiano)*

En este ejemplo, la naturaleza de la zona tropical de América latina está dada con una sabia economía de términos: adjetivos (vegetación *brutal*, aguas *negras* y *escarpadas*, tierras *calientes*). Sólo el sustantivo "platanales" nos dice que se trata del trópico americano.

Hasta que llegamos a ese sustantivo, el paraje podía estar situado en cualquier lado. El autor emplea:

- **imágenes visuales** potentes con los adjetivos citados y con los que modifican a la casa: "inmensa y tenebrosa";

- **imágenes de movimiento** con el verbo "desbarrancar";

- **imágenes térmicas** con el adjetivo "calientes";

- **imágenes auditivas** con "estruendo de demolición".

La atmósfera, lo subjetivo se crea con sólo dos palabras: "rara congoja".

Herramientas para crear climas en las descripciones de lugares

Para describir un lugar, necesitamos precisarlo con un sustantivo (casa, paraje, río), pero tenemos otros recursos, además de las imágenes de todo tipo.

Los **diminutivos** no sólo se refieren al tamaño de las cosas sino que aportan afectividad: *Un puentecito une ambas orillas*. Compáralo con: *Un puente pequeño une ambas orillas*. En el primer caso, con el diminutivo "puentecito" es como si sintiéramos la fragilidad del puente; en el segundo, sólo aludimos a su tamaño.

Algunas casas pueden describirse por las impresiones que nos causan, como casa Batlló, del artista español Antonio Gaudí.

Comparemos ahora *Una calle llena de vendedores* con *Una calle con muchísimos vendedores*. La segunda expresión da más sensación de algarabía por el uso de un **superlativo**. Pero también podría preferirse **La calle hervía de vendedores**, y, en este caso, empleamos una **metáfora**.

Unos pocos elementos bien escogidos pueden crear una atmósfera determinada.

Cómo escribir correctamente y sin errores

Para ampliar tu vocabulario, lee mucho, subraya en el texto las palabras que desconoces y búscalas en un diccionario.

No es lo mismo hablar de una casa que de una casucha. Puedes emplear **despectivos** para crear climas y provocar sensaciones.

Una casa, un lugar pueden recrearse usando **personificaciones**, y para eso nos valdremos de adjetivos como:

Alegre, sobria, lozana, radiante, divertida, sencilla, simple, silenciosa, secreta, sigilosa, tranquila, sosegada, serena, calma, plácida, apacible, reposada, mansa, envejecida, rejuvenecida, modesta, aparatosa, pomposa.

En la descripción de casas también se provocan sensaciones empleando adjetivos referidos al tiempo que hace que se construyó, como:

Antigua, arcaica, vetusta, rancia, vieja, tradicional, nueva, novísima, madura, reciente, flamante.

Para describir una casa se emplea un orden de afuera hacia adentro.

Cuando se desea crear emociones a partir de una descripción, el autor incluye, además, los sentimientos que le provoca esa casa. Puedes ir creando una atmósfera desde el exterior, como en este ejemplo:

"Miré el escenario que tenía delante –la casa y el sencillo paisaje del dominio, las paredes desnudas, las ventanas como ojos vacíos, los ralos y siniestros juncos, y los escasos troncos de árboles agostados– con una fuerte depresión de ánimo únicamente comparable, como sensación terrena, al despertar del fumador de opio, la amarga caída en la existencia cotidiana, el horrible descorrerse del velo. [...] Su rasgo dominante parecía ser una excesiva antigüedad. Grande era la decoloración producida por el tiempo. Menudos hongos se extendían por toda la superficie, suspendidos desde el alero en una fina y enmarañada tela de araña. [...] La habitación donde me hallaba era muy amplia y alta. Tenía ventanas largas, estrechas y puntiagudas, y a distancia tan grande del piso de roble negro, que resultaban absolutamente inaccesibles desde dentro. [...] Oscuros tapices colgaban de las paredes. El moblaje general era profuso, incómodo, antiguo y destartalado. Había muchos libros e instrumentos musicales en desorden, que no lograban dar ninguna vitalidad a la escena. Sentí que respiraba una atmósfera de dolor. Un aire de dura, profunda e irremediable melancolía lo envolvía y penetraba todo."

Edgard Allan Poe (estadounidense)

Capítulo IV - Pintar con palabras

Sustantivos para describir una casa

Para describir con precisión las partes de una casa, se pueden usar sustantivos como:

Fachada, frente, reja, enrejado, valla, jardín, portón, cerca, cercado, puerta, llamador, aldaba, candado, cerrojo, pasador, cerradura, picaporte, manija, falleba, pestillo, dintel, vano, umbral, zaguán, entrada, vestíbulo, galería, patio, corredor, habitación, cuarto, aposento, pieza, recámara, alcoba, tocador, vestidor, escritorio, biblioteca, despacho, sala, salón, comedor, comedor de diario, baño, altillo, desván, ático, azotea, terraza, subsuelo, sótano, cochera, rampa, balcón, escalera, escalinata, baulera, columna, arco, cúpula, techo, techumbre, tejado, bóveda, torre, chimenea, marco, ventana, alero, postigo, tragaluz, persiana, celosía, suelo, piso, pared, zócalo, muro, moldura, cielo raso, revestimiento, madera, pintura, papel, barniz, esmalte, cerámica, piedra, ladrillo, mármol, azulejos, vidrios, hierro, aluminio, acero, alfombra, toldo, jardinera, quincho, leñera, hormigón.

Matices afectivos

No es lo mismo referirse a una casa que a una casona. Puedes escoger alguno de los siguientes sustantivos que darán, en algunos casos, un matiz afectivo a tu descripción:

Casa, morada, hogar, mansión, vivienda, residencia, departamento, estancia, domicilio, rancho, casucha,

Bienvenido a mi mansión.

casita, nido, albergue, refugio, paradero, edificio, palacio, palacete, castillo, caserón, casona, heredad, propiedad, condominio, copropiedad, finca, inmueble, fortaleza, garita, cabina, chamizo, cuchitril.

El mundo animal

Desde la Antigüedad, la descripción de animales ocupó un lugar destacado en los mitos:

"El buey Apis es negro, con una mancha blanca en la frente. Tiene una media luna en el flanco derecho y el dibujo de un águila en el lomo".

En un bestiario de 1245, leemos:

"Hay un monstruo que sale del fondo del mar con garras de oso, rabioso como un león, y que profiere blasfemias abriendo su garganta para vomitar insultos contra Dios".

Un bestiario es una colección de retratos de animales, reales o quiméricos.

Cómo escribir correctamente y sin errores

*Julio Cortázar logró fama literaria con su libro de cuentos **Bestiario**, en el que presenta animales inquietantes, algunos imaginarios, como "las mancuspias".*

El autor apenas habla del aspecto general del sapo, de sus ojos, sus patas, su color, etcétera. Lo describe a partir de la vibración de su cuerpo, a la que compara con un corazón hecho animal.
Es decir, ha buscado un punto de vista diferente, una asociación insólita.

Descripción emotiva de animales

Para que una descripción de animales logre emoción y vivacidad, puedes usar estos recursos:

- Imágenes visuales, auditivas, olfativas, térmicas, de movimiento.

- Personificaciones, metáforas, comparaciones: "El sapo es todo corazón", "savia rencorosa".

- Oraciones unimembres metafóricas:

"Tiempo acumulado. Un montículo de polvo impalpable y milenario: eso es el bisonte en nuestros días."

Juan José Arreola (mexicano)

- Seleccionar pocos elementos distintivos, por ejemplo, la peligrosidad y la mirada, como en:

"El basilisco reside en el desierto, mejor dicho, crea el desierto. A sus pies caen muertos los pájaros y se

Los adjetivos referidos a la expresión humana pueden emplearse en descripciones de animales.

En el caso del buey Apis, estamos ante una descripción objetiva, propia de la lengua informativa. En la descripción del bestiario, se provocan sensaciones con el sustantivo "monstruo" y el verbo "vomitar".

Para describir un animal pueden emplearse pocos datos, o sea que se tienen en cuenta sólo los rasgos físicos más distintivos. Se agregan rasgos de carácter o de movimiento. Ejemplo:

- "Salta de vez en cuando, sólo para comprobar su radical estático. El salto tiene algo de latido: viéndolo bien, el sapo es todo corazón. Prensado en un bloque de lodo frío, el sapo se sumerge en el invierno como una lamentable crisálida. [...] Y un buen día surge de la tierra blanda, pesado de humedad, henchido de savia rencorosa, como un corazón tirado al suelo."

Juan José Arreola (mexicano)

Capítulo IV - Pintar con palabras

pudren los frutos: el agua de los ríos en que abreva queda envenenada durante siglos. Su mirada rompe las piedras y genera peste."

Jorge Luis Borges (argentino)

▶ Antes de describir, traza un bosquejo, esto es, toma uno o dos rasgos caracterizadores y luego intenta compararlos: ¿con qué se lo puede asociar? ¿A qué se parece?

▶ Puedes intentar una descripción humorística, como la del gato con guantes:

"Lindos guantes. Cabritilla color champán, gran moda, portauñas reforzado, alforzas plaqué con pasacintas, pespunteados. Enguantado con sus cuatro guantes, el gato se miró al espejo. [...] De pronto, detrás del espejo, detrás del borde bruñido, biselado a muñeca, el gato divisó una forma inerte que se movía."

Isidoro Blaisten (argentino)

Describir animales en un texto informativo

Si debes describir un animal en una monografía u otro texto informativo, ten en cuenta lo siguiente:

▶ La descripción informativa no incluye matices personales.

▶ No debe tener ningún tono emocional.

▶ Hay que mencionar la familia a la que pertenece el animal, por ejemplo, el gato pertenece a la familia de los felinos. Estos datos se toman de un libro de zoología, un diccionario enciclopédico o una página de Internet.

▶ Se describen estos rasgos físicos: altura, largo (de hocico a cola, de pico a cola, etc.), tamaño y forma de la cabeza, color de ojos, tipos de párpados, pelaje, plumaje o piel (color, longitud, espesor, textura), patas, alas o aletas, cantidad de dedos, si los tiene, hocico, pico, etcétera.

▶ Lugares donde habita.

▶ Albergues: nidos, cuevas, etcétera.

En un texto informativo, la descripción de un animal debe contener los rasgos físicos.

Cómo escribir correctamente y sin errores

La estaura y la talla convienen darlas con adjetivos.

- Hábitos de vida: alimentación, apareamiento, si viven en manada, cantidad de crías que tienen al parir, cuidado de los recién nacidos.

- Variedad de especies.

Salvo que se pretenda hacer un retrato con intención informativa, tipo identikit, siempre es preferible describir a la manera de los caricaturistas: pocos detalles, pero significativos.

Talla y volumen

Puedes decir que alguien mide aproximadamente un metro ochenta y cinco y que pesa unos 80 kilogramos, pero dicho así te deslizas hacia una descripción de archivo policial. Tienes muchos adjetivos para referirte a la talla y el volumen.

- *Talla*
  Elevada, extraordinaria, gigantesca, colosal, formidable, desmesurada, imponente, mediana, regular, moderada, baja, pequeña, menguada, diminuta, escasa, insignificante, minúscula.

- *Volumen*
  Flaco, delgado, magro, longilíneo, enjuto, descarnado, raquítico, consumido, chupado, afilado, esquelético, corpulento, robusto, rollizo, fornido, grueso, gordo, regordete, gordinflón, obeso, rechoncho, barrigón, ventrudo, panzón, esmirriado, enclenque, canijo.

Retratos

Todas las personas nos producen algún tipo de impresión. Ésta puede estar dada por unos pocos detalles, a veces por uno solo, el más destacado, al que llamaremos rasgo dominante:

"Érase un hombre a una nariz pegado, érase una nariz superlativa."

Francisco de Quevedo (español)

La cabeza y el cabello

La cabeza puede provocar una impresión determinada que se comunica por medio de adjetivos. Para describir el cabello contamos con sustantivos y adjetivos.

Capítulo IV - Pintar con palabras

- Cabeza
  Grande, abultada, enorme, voluminosa, alargada, oval, soberbia, augusta, venerable, calva, rapada.

En textos donde se apela al registro coloquial, la cabeza es denominada con sustantivos, por asociación según su forma o contenido:

Melón, sandía, sesera, piojera, terraza, la de arriba, fósforo (para una cabeza pequeña), zapallo (para una cabeza grande).

- Cabello
  Rubio, trigueño, castaño, pelirrojo, cobrizo, negro, canoso, entrecano, platinado, blanco, brillante, lustroso, opaco, lacio, ondulado, ensortijado, crespo, alborotado, desordenado, enmarañado, hirsuto, rebelde, ordenado, tupido, escaso, ralo, largo, corto, grueso, fino, copioso.

Frente y cejas

Hay personas que se destacan por su frente o sus cejas. ¿No recuerdas a alguien con cejas muy tupidas o unidas en el entrecejo? Para describir la frente y las cejas contamos con muchos adjetivos.

- Frente
  Amplia, vasta, despejada, arrugada, achatada, deprimida, hundida, saliente, lisa.

- Cejas
  Tupidas, espesas, frondosas, pobladas, ralas, juntas, separadas.

Esta fotografía logró conmover más que muchas campañas a favor de los refugiados.

Los ojos

Cuando se describen los ojos, además del color o la forma, podemos incluir el tipo de mirada.

- Color y forma
  Celestes, verdes, azules, grises, pardos, castaños, marrones, negros, claros, oscuros, opacos, brillantes, apagados, almendrados, aindiados, rasgados, saltones, separados, pequeños, llorosos, húmedos.

- Mirada
  Serena, tierna, mansa, bondadosa, indiferente, fría, impasible, enfurecida, vivaz, luminosa, profunda, intensa, inquieta, audaz, alegre, triste, sombría, distraída, ausente, franca, leal, huidiza, evasiva, turbada.

Si un rasgo no se destaca netamente, no lo menciones en tu retrato.

El rostro

Para describir el rostro de una persona, su forma, el aspecto de su piel, su color, empleamos adjetivos como:

Cómo escribir correctamente y sin errores

Mucho más que rasgos físicos

Hacer un buen retrato es mucho más que dar los rasgos físicos. Es dar un carácter, una manera de vivir, un alma. Es hallar esas características que hacen de alguien un ser inolvidable:

> "Pedro Lloros tenía la tripa triste. Pedro Lloros comía poco, y no siempre. En el verano se alimentaba de peces y cangrejos de río, de tomates y patatas robadas, de pan mendigado, de agua de las fuentes públicas y de sueño. En el invierno de rebañar en las casas limosneras los pucheros, de algún traguillo de vino y también de sueño, que es el mejor manjar de un pobretón. Por la primavera y el otoño, sus pasos se perdían. Pescador era bueno; ladrón algo torpe; vago, muy vago. Odiaba a los gimnastas. [...] Pedro Lloros poseía un corazón chiquito y veloz. Se asustaba de todo y se apellidaba perfectamente. Era calvo, retorcido, afilado de cara, y llevaba la bola del mundo, en vez de en los hombros, en la barriga."
>
> Ignacio Aldecoa (español)

En este retrato, el personaje está dado por lo que constituye su tormento diario: el hambre. El autor personifica los intestinos con un adjetivo: "tripa triste". Emplea luego una enumeración de alimentos con adjetivos que van completando el perfil y una metáfora. Sin decirlo, sabemos que se trata de un mendigo. Sólo al final nos dice algo de su aspecto exterior: "calvo, retorcido, afilado de cara".

- *Forma*
  Ovalado, oval, delgado, anguloso, redondo, ancho; pómulos salientes, anchos, altos, hundidos.

- *Piel*
  Blanca, vívida, ruborizada, pecosa, morena, bronceada, brillosa, mate, fina, lisa, arrugada, lozana, deslucida, velluda, lampiña.

El rostro del doctor Carlos María Sanguinetti, se destaca por sus pobladas cejas.

La expresión que deja entrever el carácter

Si decimos que alguien tiene una expresión optimista, estamos dando en realidad una manifestación de su carácter. Hay muchísimos adjetivos para referirse a las expresiones humanas:

Alegre, animada, alborozada, risueña, optimista, feliz, seria, formal, triste, afligida, angustiada, melancólica, disgustada, sorprendida, extrañada, aturdida, maravillada, inquieta, alerta, ansiosa, temerosa, espantada, aterrada, tímida, indecisa, cordial, amistosa, simpática, dulce, afectuosa, sincera, impaciente, alterada, fastidiada, enojada, ofendida, enfurecida, sosegada, tranquila, indiferente, inteligente, burlona, socarrona, altanera, orgullosa, soberbia, insolente, taimada.

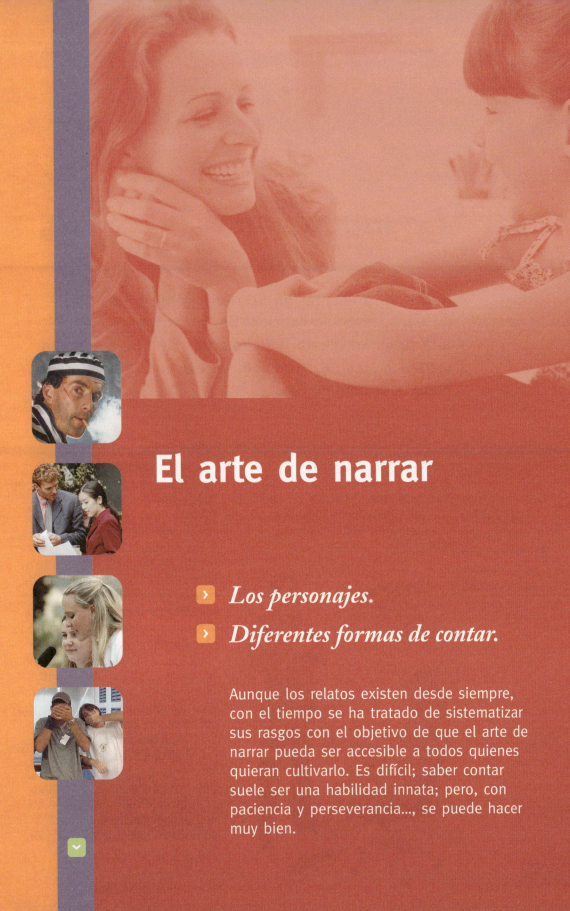

El arte de narrar

> *Los personajes.*

> *Diferentes formas de contar.*

Aunque los relatos existen desde siempre, con el tiempo se ha tratado de sistematizar sus rasgos con el objetivo de que el arte de narrar pueda ser accesible a todos quienes quieran cultivarlo. Es difícil; saber contar suele ser una habilidad innata; pero, con paciencia y perseverancia..., se puede hacer muy bien.

Cómo escribir correctamente y sin errores

La narración
Voy a contarte algo

Narrar es presentar un acontecimiento o una serie de ellos, reales o ficticios. Ser buen narrador es una cualidad innata: mucho antes de que existieran ciertas reglas de narración, ya existían relatos orales, mitos y leyendas.

Los pilares de una narración

Con el empleo de ciertas técnicas y habilidades se puede mejorar la capacidad de narrar.

Todo relato, ya sea un cuento, una novela, una crónica, etc., se asienta en los siguientes pilares.

Los hechos que se narran

Son los elementos básicos, lo que les pasa a los personajes. Los hechos se organizan en una trama, que es la que los enlaza, y los relaciona y dosifica con el fin de crear interés. Para que se comprenda bien el concepto de *trama*, veamos este ejemplo: Un niño se pierde en una selva y vive allí muchos años. Cuando lo encuentran, está desnudo, no sabe hablar y se comporta como un mono. Lo llevan en avión a una gran ciudad para estudiarlo. ¿Por dónde empezamos a contar? Lo hemos hecho de manera lineal, cronológica, pero podríamos empezar por el momento en que alguien descubre a este hombre mono y luego deduce que es el niño que se perdió hace tiempo. O comenzar con el viaje en avión

Capítulo V - El arte de narrar

de un ser que ni siquiera sabe que existen los aviones, o por el estudio que le hacen en la ciudad, etc. Cada una de esas maneras de disponer el material es una *trama*. Recuerda, de paso, que los hechos de una narración deben ser verosímiles.

El tiempo

Si bien está ligado a la trama, hay que tener en cuenta que hay un tiempo real, objetivo, mensurable, y un tiempo subjetivo. El ejemplo habitual dice que no es lo mismo estar cinco minutos con la persona amada que cinco minutos sentado sobre una estufa encendida. Esos tiempos están ligados a los personajes.

Personajes

Son los seres o las cosas a quienes les pasa algo. No se trata sólo de personas: recuerda el cuento "El patito feo", donde los personajes son animales, o cuentos de ciencia ficción, cuyos protagonistas son robots. Sea cual fuere la índole del personaje, un buen narrador le atribuirá características humanas.

Ambiente

Los seres humanos recibimos la influencia del medio en que vivimos y nos desenvolvemos. El espacio físico nos da el marco referencial y, a veces, impulsa acciones; por ejemplo, un personaje camina por una campiña solitaria y cae en un pozo profundo. A partir de ese hecho

La narración es tan antigua como la humanidad.

provocado por el ambiente, se revelarán muchas características del carácter del personaje, verá frustradas las acciones que pensaba realizar, etc. Para la creación de ambientes, relee el capítulo anterior.

Cómo escribir correctamente y sin errores

Los personajes

Ellos cargan sobre sus hombros la responsabilidad de darle cuerpo al relato. Dependerá de qué modo los imagine el autor cuán creíbles sean las acciones que lleven a cabo.

Buenos personajes

Las pautas principales para crear personajes son: bueno, adecuado, constante y semejante.

Ya desde la Antigüedad, en el siglo V a. C., Aristóteles estableció algunas pautas para la creación de buenos personajes. Éstas se pueden resumir en las cuatro siguientes.

Bueno

No se trata de bondad, sino que el personaje es bueno cuando actúa según su naturaleza: la mayoría de las veces los bondadosos obran bien y la mayoría de las veces los malignos obran mal.

Adecuado

Un personaje es adecuado cuando actúa según su edad, su clase social, su sexo, su nivel de educación, sus habilidades. Aristóteles lo resume así: "El rey habla y actúa como rey, y el mendigo habla y actúa como mendigo". Esta premisa se completa con la próxima.

Constante

Por lo general, un personaje cambia con los problemas que debe resolver. Pero los cambios deben ser graduales o tener un motivo muy poderoso y claro: un hombre bondadoso se puede convertir en un asesino de un momento para otro si alguien le mata a su esposa de manera salvaje. En el género maravilloso (el de los cuentos de hadas), el cambio puede ser repentino, sin mediar un hecho dramático: Cenicienta, a las 12 de la noche, deja de ser la hermosa y bien vestida muchacha para volver a ser una pobre harapienta. Pero su carácter permanece inmutable: sigue siendo la dulce Cenicienta.

Capítulo V - El arte de narrar

Semejante

Todo personaje debe permitir que el lector reconozca aspectos propios, se identifique o diga: "Conozco a alguien así". No se trata del físico ni de las acciones precisas, sino más bien de los sentimientos: el celoso, el que ama el poder, el gruñón, el tímido, etcétera.

Consejos para crear personajes

- Debes ponerte en la piel del personaje, sentir como si fueses él; tu personaje debe aparecer como un ser vivo, con sus virtudes y sus defectos.

- Presenta sólo los rasgos físicos, emocionales, psicológicos que mejor identifiquen a tu personaje.

- ¡No des el currículum de un personaje! Esto quiere decir que no debes hacer, de una sola vez, el relato de quién es, qué hizo, qué hace, cómo es su carácter, su físico, sus sentimientos, etc. El lector tiene que descubrir poco a poco esto para sentirse más interesado. Si lees: "Mi novio tenía los dientes fríos", ¿no sientes ganas de seguir leyendo?

- Un personaje se puede describir por: **a)** lo que es (retrato físico y moral); **b)** lo que hace; **c)** lo que dice (o sea, que puede dialogar); **d)** lo que los demás dicen y sienten con respecto a él.

Aunque no haya existido en realidad, el Quijote es uno de los personajes más reales que se han creado en la literatura.

- Recuerda que el diálogo revela la educación, los gustos, el trato de un personaje. No es imprescindible que éste dialogue, pero si debe hacerlo..., vuelve al consejo de Aristóteles: "El rey habla y actúa como rey, y el mendigo habla y actúa como mendigo".

- Por último: ama a tus personajes. Aquellos personajes inolvidables han sido amados por su autor. Si dudas de esto, lee el capítulo final de *Don Quijote de la Mancha*, donde percibimos el amor de Cervantes por su personaje. Aun los personajes más fastidiosos u odiosos deben tratarse siguiendo el dicho antiguo: "Soy hombre, nada de lo humano me es ajeno".

Incluso los personajes fantásticos deben tener coherencia y verosimilitud.

Cómo escribir correctamente y sin errores

Decálogo del perfecto cuentista

I. Cree en un maestro –Poe, Maupassant, Kipling, Chejov– como en Dios mismo.

II. Cree que su arte es una cima inaccesible. No sueñes en domarla. Cuando puedas hacerlo, lo conseguirás sin saberlo tú mismo.

III. Resiste cuanto puedas a la imitación, pero imita si el influjo es demasiado fuerte. Más que ninguna otra cosa, el desarrollo de la personalidad es una larga paciencia.

IV. Ten fe ciega no en tu capacidad para el triunfo, sino en el ardor con que lo deseas. Ama a tu arte como a tu novia, dándole todo tu corazón.

V. No empieces a escribir sin saber desde la primera palabra adónde vas. En un cuento bien logrado, las tres primeras líneas tienen casi la importancia de las tres últimas.

VI. Si quieres expresar con exactitud esta circunstancia: "Desde el río soplaba el viento frío", no hay en lengua humana más palabras que las apuntadas para expresarla. Una vez dueño de tus palabras, no te preocupes de observar si son entre sí consonantes o asonantes.

VII. No adjetives sin necesidad. Inútiles serán cuantas colas de color adhieras a un sustantivo débil. Si hallas el que es preciso, él solo tendrá un color incomparable. Pero hay que hallarlo.

VIII. Toma a tus personajes de la mano y llévalos firmemente hasta el final, sin ver otra cosa que el camino que les trazaste. No te distraigas viendo tú lo que ellos pueden o no les importa ver. No abuses del lector. Un cuento es una novela depurada de ripios. Ten esto por una verdad absoluta, aunque no lo sea.

IX. No escribas bajo el imperio de la emoción. Déjala morir, y evócala luego. Si eres capaz entonces de revivirla tal cual fue, has llegado en arte a la mitad del camino.

X. No pienses en tus amigos al escribir, ni en la impresión que hará tu historia. Cuenta como si tu relato no tuviera interés más que para el pequeño ambiente de tus personajes, de los que pudiste haber sido uno. No de otro modo se obtiene la vida del cuento.

Horacio Quiroga (uruguayo)

Aportes del análisis transaccional para crear personajes

El análisis transaccional, creado por el psicoanalista Eric Berne hacia 1950, nos habla de tres esquemas de la personalidad:

El padre
Juzga, ordena, critica, protege. Esto quiere decir que puede manifestarse autoritario, pero también guía. De algún modo, protege con "mano de hierro". Hace lo que se debe hacer.

El adulto
Manifiesta el pensamiento lógico y racional, procesa la información, confronta la realidad y toma decisiones. Se toma su tiempo antes de decidir algo. De un *adulto* se espera que sea coherente. Sabe cómo defenderse del autoritarismo de otros adultos. Puede ser frío, distante, calculador. Hace lo que le conviene.

El niño
Es vital, visceral, posee pensamiento mágico, intuición. El *niño* siente, intuye, crea. Puede reclamar, ser inestable, caprichoso, testarudo. Es seductor, inconstante, antepone sus necesidades a las de los demás. Expresa sus emociones. No tiene suficiente autoestima. Puede ser temeroso y cándido. Hace lo que le gusta.

Podemos valernos del análisis transaccional y preguntarnos, cuando escribimos un relato, en qué estado del yo se hallan los personajes.

Por último, si planeas crear un personaje que no sea una persona (un animal, un robot) debes trabajarlos de la misma manera.

Capítulo V - El arte de narrar

Diferentes formas de contar

Tanto la estructura del relato como la mirada del narrador sobre los hechos que se cuentan constituirán las características propias de cada texto.

Estructuras narrativas

Las estructuras narrativas son las distintas posibilidades de organizar una trama. Esas estructuras son las siguientes.

A. Tradicional, de exposición, nudo y desenlace

En la exposición se presentan los hechos, los personajes, los ambientes y el tiempo del relato. Una exposición responde a las preguntas *quién, qué, cuándo, dónde*. En el nudo se desarrollan los hechos desde que aparece un conflicto, que es la oposición interna o externa que el personaje debe vencer. En el desenlace se da la solución al conflicto planteado.

B. In media res

La expresión latina *in media res* significa "en el medio del asunto". El narrador omite la introducción y comienza su relato en el preciso momento en que se rompe el equilibrio, por ejemplo:

"Una mañana, tras un sueño intranquilo, Gregorio Samsa se despertó convertido en un monstruoso insecto".

Franz Kafka (checoslovaco)

C. Final abierto

El narrador deja que sea el lector quien complete la historia. Por ejemplo: Alguien ha recibido excelente trato y buenas oportunidades de trabajo de su jefe. El empleado está pasando por un momento crítico

La narración puede interrumpirse donde el narrador lo decida.

Contar una historia es delimitarla en el tiempo y en el espacio.

en el que necesita más dinero, y descubre que el jefe ha hecho una estafa a la empresa. Si lo denuncia, él mismo puede verse involucrado y hasta perder el empleo. Si no lo denuncia, se sentirá muy mal desde el punto de vista ético, se considerará cómplice. En las líneas finales, este hombre revolea una moneda para decidir qué hacer... y fin. El lector debe completar el relato: ¿lo denunciará o no? Cada uno debe optar por el final que el autor ha escrito.

D. Estructura cíclica

Si te gusta inventar historias, piensa cuál estructura narrativa se adecua mejor a los hechos que presentarás, y qué tipo de narrador es el más apropiado para hacerlo.

Se parte de un hecho y, tras varias vicisitudes, el personaje vuelve a la situación inicial. Por ejemplo: Un hombre es jugador compulsivo de póquer. Pierde su casa, su esposa lo abandona, se queda sin trabajo. Logra, con mucho esfuerzo, otro trabajo de poca monta y un compañero de tarea le pasa un dato para que apueste a determinado caballo en el hipódromo. Y el hombre juega hasta su último centavo. O sea, vuelve a lo que era antes, a la situación inicial que determinó sus problemas. En las estructuras cíclicas, el protagonista no modifica su conducta.

E. Estructura en sarta

Sólo puede darse en novelas. Consiste en que en cada capítulo al protagonista le pasan distintas cosas en diferentes momentos y con dispares personas y ambientes. Lo que le da unidad al relato es el protagonista.

El tiempo presente en una narración, acerca más al lector.

El narrador

El narrador es la voz que narra el relato, la voz que el autor elige para que lo haga. Hay varios tipos de narrador.

Narrador en primera persona

El narrador en primera persona le da más verosimilitud al relato, y éste se carga de emociones y de impresiones subjetivas. La primera persona, además, crea un clima de intimidad con el lector. Es como si alguien nos hablase directamente a los que leemos. Cuando se relata en **tiempo presente**, y en primera persona, el lector se involucra más todavía. Si se relata en

Capítulo V - El arte de narrar

tiempo pasado, el lector tiene la posibilidad de tomar distancia y evaluar más imparcialmente el texto. El narrador en primera persona puede ser:

- **Protagonista.** Los hechos le ocurren a él.

- **Testigo.** Ha presenciado hechos que le ocurren a otros.

Narrador en tercera persona

Puede ser narrador omnisciente o no omnisciente. El narrador **omnisciente** sabe todo lo que pasa, no sólo lo observable sino en el interior de los personajes: conoce sus sueños, ambiciones, recuerdos, frustraciones, deseos, etc.

El narrador **no omnisciente** es el que relata de manera objetiva, sin meterse en el interior de los personajes. El narrador no omnisciente es como una cámara filmadora que registra lo que pasa, pero no puede ir más allá de lo que observa.

Tipos de narraciones

El cuento y la novela son las dos formas dominantes de la narrativa de los siglos XIX, XX y XXI. El **cuento** se caracteriza por su concentración, y sus rasgos más destacados son:

- Es un texto que puede leerse de una sola vez, "de un tirón", o sea, breve.

- Busca lograr un efecto único.

- No permite digresiones ni de tiempo ni de espacio.

- Tiene pocos personajes.

- Los personajes sólo están caracterizados por rasgos mínimos.

- No tiene divisiones internas.

La **novela** tiene estas características:

- Es un texto largo que no puede leerse de una sola vez.

- Puede tener muchos personajes.

En las buenas librerías, puedes hallar antologías de cuentistas latinoamericanos. Para mejorar la escritura, lo mejor es leer mucho.

Siempre debes revisar los textos, no sólo la ortografía, sino los párrafos, el sentido, el vocabulario, etc.

Cómo escribir correctamente y sin errores

- Se puede dividir en partes o capítulos.
- Admite descripciones detalladas.
- Puede tratar diferentes temas.

Buen fin y mejor principio

Comenzar un relato con un monólogo introduce al lector en la personalidad de quien habla.

Si bien el cuento existió desde los albores de la civilización –los más antiguos cuentos son egipcios– sólo en el siglo XIX adquirió categoría aparte en la literatura. Fue Edgard Allan Poe quien definió las características y esbozó algunos consejos. De éstos, los dos más importantes son que el comienzo debe ser atrapante y el final tiene que provocar alguna sorpresa en el lector.

Comienzo con personaje

Cuando el protagonista del cuento es un personaje infrecuente, extraño, inestable, conviene comenzar describiéndolo. Si la narración está en primera persona, el propio narrador se presentará destacando esos rasgos distintivos, como en este ejemplo:

"Es cierto, soy muy nervioso. Lo he sido siempre. ¿Pero por qué me dicen que estoy loco? La enfermedad agudizó mis sentidos, pero no los destruyó ni los embotó. De todos ellos, el más agudo era el del oído. Yo he escuchado todas las cosas del cielo y de la tierra y muchas del infierno. ¿Cómo, entonces, voy a estar loco?"

Edgard Allan Poe (estadounidense)

El uso de las interrogaciones resalta la obsesividad del protagonista, que repite lo mismo en ellas y se empeña en demostrar su cordura, aunque ha escuchado "cosas del infierno".

Comienzo con acción

Si el relato es policial, de terror o de aventuras, lo mejor será comenzar con un párrafo dinámico, si es posible con una acción física:

"Cuando el Número Uno decidió que había que liquidar a Romero y que el Número Tres se encargaría del trabajo, Beltrán recibió la información pocos minutos más tarde. En ese entonces Romero era

Capítulo V - El arte de narrar

un tal Romero, y él un tal Beltrán; buenos amigos antes de que la vida los metiera por caminos tan distintos "

Julio Cortázar (argentino)

El lector ya sabe que Beltrán deberá matar a Romero, pero han sido amigos, y esa mención agudiza el deseo de saber si lo hará o no.

Comienzo con ambiente

Si en nuestro relato queremos hacer una metáfora de la condición humana, es decir, el relato funciona como símbolo de lo que somos los hombres, un buen comienzo es describir el ambiente, pues éste puede estar cargado de sugerencias. Ejemplo:

"El sargento echa una mirada a la Madre Patrocinio y el moscardón sigue ahí. La lancha cabecea sobre las aguas turbias, entre dos murallas de árboles que exhalan un vaho quemante, pegajoso. Ovillados, desnudos de la cintura para arriba, los guardias duermen abrigados por el verdoso, amarillento sol del mediodía. [...] Una sombrilla de jejenes escolta la lancha, entre los cuerpos evolucionan mariposas, avispas, moscas gordas."

Mario Vargas Llosa (peruano)

Los adjetivos dados a los elementos de la descripción del ambiente van preparando el clima del relato: aguas *turbias*, vaho

Los filmes de mucha acción suelen tener comienzo in media res: *primero vemos que se enfrentan y luego sabemos quiénes son y por qué están enfrentados.*

quemante, sol *verdoso*, *amarillento*. La doble mención a las moscas alude, sin nombrarlo, al transporte de cadáveres.

Comienzo con diálogo

Algunos narradores comienzan sus cuentos con diálogos, para ponernos frente a los personajes en acción, como si fuese un texto teatral. Generalmente estos comienzos se emplean para textos donde importan mucho las interacciones. Ejemplo:

Cómo escribir correctamente y sin errores

La descripción de un ambiente en el comienzo de un relato es símbolo de lo que ocurrirá en él.

"–¡Diles que no me maten, Justino! Anda, vete a decirles eso. Que por caridad. Así diles. Diles que lo hagan por caridad.
–No puedo. Hay allí un sargento que no quiere oír hablar nada de ti.
–Haz que te oiga. Date tus mañas y dile que para sustos ya ha estado bueno. Dile que lo haga por caridad de Dios.
–No se trata de sustos. Parece que te van a matar de a de veras. Y yo ya no quiero volver allá."

Juan Rulfo (mexicano)

Este diálogo entre un padre y su hijo revela el dramatismo del momento, pero también el carácter de ambos, y deseamos conocer el desenlace.

No dudes en consultar a los bibliotecarios sobre los libros que se adecuen más a tus preferencias como lector.

Consejos para narradores

> Si no encuentras un comienzo que tenga un poderoso "gancho", no te preocupes, es habitual que esto pase. Comienza a escribir tu historia y, cuando hagas la corrección, es posible que ese comienzo mejore.

> Revisa tantas veces como creas necesario hacerlo, pero antes de dar por terminado tu relato... vuelve a corregir: ¿Buscaste sinónimos? ¿Hay demasiados verbos "ser", "estar", "haber", que son poco significativos desde el punto de vista de la expresividad? ¿Revisaste la ortografía? ¿Cada párrafo contiene una idea o un punto de vista diferente?

> No des saltos abruptos en el tiempo del relato. Por ejemplo: "Luis y Marcela se dieron un beso en la puerta de la casa de ella. Al otro día Luis notó que Marcela tenía ojos de haber llorado toda la noche". Esto es demasiado cortante. Emplea algo como transición, por ejemplo: "Luis y Marcela se dieron un beso en la puerta de la casa de ella. Quedaron en encontrarse al día siguiente, pero cuando la vio, Luis notó que ella tenía ojos como de haber pasado la noche llorando".

> Elimina situaciones secundarias que no agregan nada al relato. No importa demasiado si los zapatos de Marcela (la que se besó con Luis) eran de gamuza o de tela. A menos que sean disparadores de una situación, no vale la pena mencionar esos detalles.

> El mejor consejo para un narrador novel: lee, lee mucho. En este mismo capítulo se mencionan excelentes autores de narrativa. Busca sus obras y léelas con un lápiz a mano para anotar todo lo que se te ocurra. Un libro no sólo se edita para leerlo: se imprime para que al hacer notas, subrayados, marcas nos "apropiemos" de su contenido.

El género epistolar

- Cartas informales.
- Reclamos y solicitudes.
- Cartas comerciales.

Las cartas son una importante forma de comunicarnos y sirven para toda clase de propósitos. A través de ellas podemos declarar nuestro amor o conseguir un trabajo. Podemos comunicarnos con personas que están lejos –tanto a través del papel como por e-mail– o a la vuelta de la esquina. Veamos cuáles son tus posibilidades...

Cartas familiares y formales
Conversaciones en papel

Una carta familiar es una forma de conversar a la distancia con personas queridas. También existen las cartas para expresar lo que pensamos o sentimos sobre un tema, para solicitar algo, para reclamar, etcétera.

Carta personal

Cuando escribimos una carta personal a un familiar o a un amigo, estamos reemplazando por escrito aquello que le diríamos si lo tuviésemos cerca. Las características de una carta personal son:

- El lenguaje empleado es el coloquial, pero el hecho de ponerlo por escrito hace que se supriman repeticiones, muletillas, etcétera.

- El tono emocional de una carta personal es, por lo general, intenso. Quien escribe comunica noticias, emociones, inquietudes. Aunque no se la exprese abiertamente, suele haber una cierta nostalgia: el que escribe, por lo general, extraña al destinatario. A veces, las cartas personales son desinhibitorias, y se escribe en ellas lo que quizá costaría decir frente a frente.

- Los temas son variados, y fluyen espontáneamente, sin un orden establecido.

- A veces se trata de una respuesta concreta a una situación.

¿Cartas a un muerto?

Las primeras cartas de la historia datan del año 3000 a. C., aproximadamente. Son cartas egipcias dirigidas a... los muertos. Se las conoce como "cartas de difuntos", y eran misivas destinadas a los fallecidos, en las que se exponían desde simples saludos hasta reclamos. Por ejemplo, los herederos del muerto le pedían explicación por los males que estaba causándoles a los vivos, como las peleas por la herencia o las disputas familiares debido a que faltaba la "mano fuerte" que ordenaba las cosas.
O sea, la mano del muerto.

Capítulo VI - El género epistolar

Consejos para escribir una carta familiar o amistosa

- Una carta tiene un destinatario concreto, con el que nos unen sentimientos. Antes de comenzar a escribir, evoca mentalmente al destinatario para adecuar el tono.

- Siempre hay un motivo para escribir. ¿Cuál es el tuyo? Puedes contar novedades, informar algo importante, pasar un dato, felicitar o decir que extrañas a una persona. Al pensar en el motivo de tu carta evitarás rodeos y divagaciones.

- Como en todo texto, recuerda que debes dedicar un párrafo a cada asunto.

- Evita encabezados impersonales que, de tan repetidos, ya son lugares comunes, como "Espero que al recibo de la presente te encuentres bien de salud".

- Es mejor hacer un borrador con las ideas principales y luego dejar correr la pluma. Anota esas ideas con pocas palabras, como si fueran telegramas, para no perder espontaneidad cuando escribas.

- Sé prudente con tus expresiones, pues podría ocurrir que tu carta sea leída por otra persona además del destinatario.

- No escribas nada que después pueda llenarte de culpa.

Aunque sea una comunicación privada a una persona muy cercana, cuida la ortografía de tus cartas.

Cómo escribir correctamente y sin errores

- No escribas si estás muy enojado. Recuerda que lo escrito... escrito está, y luego será más difícil reparar un insulto o una acusación.

Diagramación de una carta familiar o amistosa

- La fecha y el lugar van en el ángulo superior derecho.

Jamás escribas algo de lo que después puedas avergonzarte o arrepentirte.

- El encabezamiento se escribe separado unos dos centímetros de la fecha y el lugar. Va a la izquierda de la hoja.

- El texto o cuerpo se escribe debajo del encabezamiento, dejando sangría.

- La firma va en el extremo inferior derecho.

- Si hay postdatas, se ponen después de la firma. En las cartas familiares y amistosas, las postdatas suelen contener las frases más emotivas.

Buenos Aires, 13 de mayo de 2004

Queridos tíos:
   Les escribo para contarles que me recibí. Fue difícil, pero después de mucho estudiar llegó el momento.
   Espero que puedan venir para la fiesta. Estamos preparando un lugar al aire libre, con piscina, y lo vamos a decorar con muchos globos. También va a tocar la banda de mi mejor amigo.
   Nos vamos a divertir mucho.
   Los espero.

Malena

P.D.: los quiero mucho, mucho y los extraño. ¡Vengan, por favor!

Ejemplo de carta familiar o amistosa.

Capítulo VI - El género epistolar

Cartas públicas

Cuando las cartas son escritas por un genio literario de la talla de George Bernard Shaw, éstas pueden llegar a tomar estado público. Tal es el caso de la correspondencia entre este famoso dramaturgo irlandés y la actriz Stella Campbell, que se ha convertido en un obra teatral.

La pieza lleva el nombre de Querido mentiroso (o Querido embustero) y la han llevado de gira por toda Latinoamérica los actores argentinos Norma Aleandro y Sergio Renán.

George Bernard Shaw.

Carta de un genio enamorado... y picarón

Carta de Albert Einstein a su novia Mileva.

> Milán, jueves 13 de septiembre de 1900
> Amada muñequita:
> Han transcurrido ya las 3/4 partes del tiempo tonto y pronto volveré a estar con mi tesoro y lo besaré, acariciaré, haré cafecito, reñiré, trabajaré, reiré, pasearé, charlaré...
> Será un año muy divertido, ¿verdad?
> Ya he dicho durante las Navidades que me quedo contigo. No puedo esperar más a tenerte conmigo, mi todo, mi personilla, mi chiquilla, mi mocosilla. Cuando ahora pienso en ti creo que no quiero volver a enojarte ni a tomarte el pelo nunca más, ¡sino que quiero ser siempre un ángel! ¡Qué hermosa ilusión!
> (...) En todo el mundo podría encontrar otra mejor que tú, ahora es cuando lo veo claro, cuando conozco a otra gente. Pero te aprecio y amo como te mereces. Hasta mi trabajo me parece inútil e innecesario si no pienso que también tú te alegras de lo que soy y de lo que hago.
> Tuyo siempre
>
> Albert

Jamás envíes una carta anónima. Un anónimo es una vileza. Y si reibes una carta sin identificación, no la abras y arrójala a la basura.

Cómo escribir correctamente y sin errores

El e-mail (correo electrónico)

Gracias al correo electrónico ha resurgido el género epistolar, un poco opacado por la comunicación telefónica o el fax. Cuando se escribe un *e-mail*, se siguen las mismas reglas generales que para escribir una carta familiar, pero hay que tener en cuenta estos consejos:

- Los párrafos deben ser cortos, pues de otro modo cansan la vista.

- Separa el texto en párrafos y, entre uno y otro pon doble espacio. Un *e-mail* "en bloque" no invita a leerlo.

- Cada línea debería tener unos 65 espacios.

- Recuerda que el lector no estará arrellanado en un cómodo sillón y con todo el tiempo del mundo para leer. Debes ir al grano.

- No olvides que, como con las cartas comunes, un *e-mail* puede ser leído por varias personas o reenviado.

- Relee y corrige antes de enviarlo.

- Para no gastar tiempo, si tu conexión a Internet es telefónica, usa la opción "trabajar sin conexión" y luego conéctate.

- No uses subrayados, pues pueden confundirse con un enlace.

En un solo día se envían más cartas por correo electrónico que durante un mes por correo común en los años anteriores a este servicio.

Capítulo VI - El género epistolar

Derecho a la intimidad

Las cartas, por ser documentos, no sólo tienen como derecho establecido mantener el secreto de su contenido, sino que esto es una obligación moral ineludible.

Los seres humanos somos curiosos, pero es inaceptable leer sin permiso una carta ajena, aunque sea entre esposos o se trate de correspondencia dirigida a nuestros hijos. En caso de hijos menores de edad, sólo se puede aceptar la apertura de una carta si pesara presunción firme de que el hijo corre algún peligro, por ejemplo ser inducido a cometer un delito, a drogarse o a participar de una secta no aprobada por la ley.

En noviembre de 2000, una mujer fue condenada en España por el delito de revelación de un secreto. Esta señora estaba haciendo los trámites de divorcio y para que su ex esposo le aumentara la cuota alimentaria le hurtó una carta en la que le informaban a él del aumento de su pensión de trabajador. La justicia condenó a la mujer por violación de correspondencia.

Las cartas son privadas. Nunca leas correspondencia de otra persona.

Cartas de lectores a diarios y revistas

Llamadas también "cartas al director", se trata de mensajes que se envían a diarios y revistas para opinar, felicitar o quejarse de algo. Las encuestas revelan que estas cartas son los artículos que más se leen en los periódicos. Para quien la envía, es una manera de expresar sus ideas sobre asuntos de interés general.

Antes de ponerte a escribir una carta de lector debes plantearte estos interrogantes:

Un e-mail debe ser breve y ordenado para no cansar la vista del destinatario.

Cómo escribir correctamente y sin errores

Propósito

Recuerda que el aspecto prolijo de tu solicitud es muy importante para causar una buena impresión.

- Qué deseas lograr.
- Qué reacción buscas.
- Cómo puedes explicar brevemente tu propósito.
- Qué destino deseas para tu texto (investigación, notoriedad, ayuda, etcétera).

Qué sabes de los lectores de ese medio

Pregúntate si los lectores están o no familiarizados con el tema que propones, qué tipo de información es imprescindible que incluyas en tu carta y de qué manera puedes exponerla.

Las cartas dirigidas a los periódicos deben ser claras y concisas.

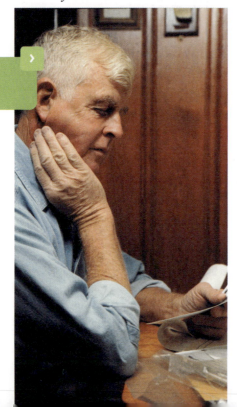

Qué tipo de redacción harás

Reflexiona si tu texto será breve o largo (cuanto más breve, mejor) y qué tipo de lenguaje emplearás. Conviene que hagas un esquema del contenido.

Consejos para escribir cartas a periódicos

Siempre que sea posible, escribe con máquina y a doble espacio. Si no los tienes, escribe con letra muy clara, con tinta, y no unas mucho las palabras ni las líneas.

- Escribe de un solo lado del papel.
- Sé breve. Por lo general, los editores prefieren cartas que no tengan entre 200 y 250 palabras.
- Trata un solo tema por carta. Éste debe estar relacionado con la realidad del momento y digno de ser una noticia.
- Asegúrate de que el sentido de lo que quieres transmitir esté claro. Para eso, usa palabras simples y oraciones y párrafos cortos.
- Esmérate para que la primera oración sea corta e interesante.
- Si comienzas refiriéndote a una noticia, carta o editorial del mismo medio al que escribes, tu carta será más interesante, pero no es imprescindible hacerlo.

Capítulo VI - El género epistolar

En estos casos, primero debes averiguar si la institución tiene formularios impresos.

Si te dan un formulario, primero lee bien las preguntas sin escribir nada. ¡No te apresures! Puede pasar que completes un dato en una línea y te encuentres con que debías hacerlo en otra. Una vez leídas todas las preguntas, responde con letra de imprenta o, mejor, a máquina.

- Apela siempre al sentido moral y a la justicia.

- Puedes enviar la misma carta a distintos periódicos o revistas, pero se aconseja que no sean publicaciones de una misma provincia o estado.

- No mandes copias al carbón.

- Siempre firma tu carta y da tu dirección. Si no deseas que la publiquen, aclára lo, pero el editor debe estar seguro de quién le escribe y conocer las fuentes. No temas firmar tu carta: hace falta gente valiente a favor de la dignidad, la justicia y la paz.

Solicitudes

El objetivo de una solicitud es pedir a alguien un servicio, instrucciones, reservaciones, entrevistas, etcétera.
Un caso muy frecuente es el de los jóvenes que deben escribir una solicitud de ingreso a un establecimiento educativo o para cambiar de turno de cursada, y dudan en el momento de escribirla.

Datos que conviene incluir en una solicitud para establecimientos educativos

› **Información personal:** nombre, apellido, fecha de nacimiento, dirección, teléfono, fax, e-mail (estos dos últimos no son imprescindibles).

› **Información familiar:** nombres y apellidos de los padres (o tutores o encargados); teléfonos donde ubicarlos.

› **Historia educativa:** escuelas a las que concurrió el solicitante.

› **Experiencias educativas:** idiomas, cursos específicos tomados.

› **Actividades extracurriculares:** de trabajo, voluntariado, deportes, etcétera.

› **Recomendaciones o referencias** de maestros y consejeros.

En algunos establecimientos piden copias de certificados de estudios o médicos, en caso de que el que escribe solicite ser eximido de alguna actividad, por ejemplo deportes, por razones de salud. Nunca entregues el certificado original, haz una copia y guarda el original por si te lo piden.

Cómo escribir correctamente y sin errores

Billetes y esquelas

Son comunicaciones breves, escritas en papel o en tarjetas. Sus propósitos son agradecer un regalo o un gesto, felicitar por algún hecho grato, invitar a algo, pedir disculpas, consolar por un acontecimiento desdichado, saludar, etcétera.
Predomina la espontaneidad. Ejemplo:

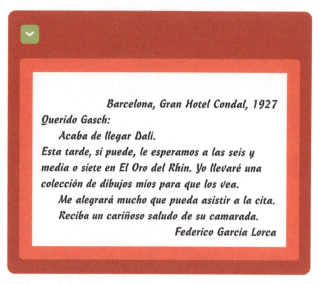

Ejemplo de billetes y esquelas.

Telegramas

Son mensajes muy breves que se reciben rápidamente y pueden tener distintos propósitos: felicitación, anuncios, renuncias, etcétera.

Comparten con la carta que ambos tienen lugar, fecha y firma, pero en un telegrama se suele omitir el encabezamiento.

Las oraciones de un telegrama son casi siempre unimembres y poquísimas veces se emplean subordinadas.

Para escribir un telegrama se puede partir de una carta para luego seleccionar sólo aquellas palabras que son indispensables para que el mensaje se entienda. Así, se prescinde, por lo general, de artículos.

Supongamos que una persona acordó con otra, de otro país, que se encontrarían determinado día en la estación central a una hora precisa. El que envía el telegrama no pudo viajar pues hubo huelga de personal aeronáutico. El telegrama podría ser así:

IMPOSIBLE VIAJE. HUELGA AVIONES. CANCELO CITA HASTA PRÓXIMO AVISO.

Capítulo VI - El género epistolar

Cartas comerciales

Las cartas comerciales contribuyen al desenvolvimiento de los negocios. Son como la prolongación de una empresa, por lo tanto tienen que ser más formales, sin perder la cordialidad.

Como se privilegia en ellas la utilidad, hay ciertas normas que se siguen casi sin variantes. Las dos principales deben ser la brevedad y la precisión.

Desde el punto de vista comercial y legal, lo escrito tiene más valor que lo expresado oralmente, por lo tanto siempre se debe guardar y archivar una copia.

Cómo reclamar o atender reclamos por carta

Un reclamo no tiene por qué ser una declaración de guerra. Muchas veces son más efectivas las cartas de reclamación cordiales, breves, claras..., y hasta con algo de humor.

El reclamo debe ser puntual y, en la medida de lo posible, hay que adjuntar algún elemento que demuestre que nos asiste la razón. Por ejemplo, si compraste un alimento perecedero y al llegar a tu casa notaste que tenía la fecha de consumo vencida, acompaña tu queja con la factura de compra o el billete de caja del establecimiento que te lo vendió.

Si recibes una carta de queja o reclamación, tu respuesta debe ser inmediata, expresar que tratarás de solucionar el asunto, siempre manteniendo los buenos modales.

Consejos para redactar una carta formal

Si bien hay estándares o modelos establecidos para la correspondencia comercial, conviene tener en cuenta estos consejos.

- Sé claro. Para eso debes ordenar tus ideas. No uses vocabulario rebuscado. Sigue el orden sintáctico de sujeto, verbo, complementos.

- Sé breve. Pero no por eso omitas detalles que sirvan como prueba de lo que afirmas.

En tus cartas de reclamación, guarda siempre el debido respecto por el destinatario.

Cómo escribir correctamente y sin errores

Las cartas formales se escriben siempre a máquina o en computadora.

- Ve directo al tema. No te vayas por las ramas. No adornes la introducción, pues eso distrae.

- Sé cordial. Aun en las reclamaciones, debes ser amable. Evita las suspicacias.

- Recuerda expresar una idea por párrafo. Deja doble espacio entre un párrafo y el siguiente.

- Sé veraz. No exageres, no mientas. Primero, por razones éticas. Segundo, recuerda que se trata de un documento, y puedes tener problemas si mientes.

- Revisa la ortografía y la sintaxis.

Lo que hay que evitar en cartas formales

No uses fórmulas estereotipadas y antiguas, como *Por la presente me permito enviarle..., Muy señor mío, Se despide de usted su seguro servidor*, y otras.

Reemplázalas por *Le envío, Estimado señor, Cordialmente, Atentamente* o *Atentos saludos*.

- Elimina expresiones que nada agregan, como *agradeciéndole su gentil atención* o *sin más por el momento*.

- No uses abreviaturas, como affmo. (afectísimo) o S.S.S. (Su seguro servidor).

- No agrupes todo el texto en la parte superior de la hoja. Si tu carta es breve, deja entre 5 y 10 espacios entre el encabezado y el texto o cuerpo.

Partes de una carta formal

La carta formal se compone de tres partes: encabezamiento, cuerpo y cierre. El **encabezamiento** abarca la parte superior de la carta. Contiene siempre lugar, fecha, dirección del destinatario y saludo.

El **cuerpo** o **texto** es la parte central, que contiene el motivo por el que se envía la carta.

El **cierre** es un saludo breve y la firma. Siempre hay que aclarar el nombre y cargo –presidente de centro de estudiantes, por ejemplo– de quien firma la carta.

Si la carta consta de varias páginas, éstas deben numerarse, preferentemente en el margen inferior derecho.

En cartas formales evita usar formas estereotipadas.

La voz de los personajes

> *Cómo crear parlamentos creíbles.*

> *Introducir los diálogos.*

Los personajes son uno de pilares sobre los cuales se apoya la verosimilitud de una narración. Por eso es tan importante cuidar la forma en que éstos se expresan: es bueno que nuestro lector se entere si están tristes, contentos, enojados, eufóricos..., ¿verdad?

Cómo escribir correctamente y sin errores

El diálogo
¿De qué estamos hablando?

Un buen diálogo es suficiente para definir el carácter de los personajes. Las palabras dichas por un personaje revelan estados de ánimo, intenciones, nivel cultural y todo aquello que si lo contásemos ocuparía mucho más espacio y, acaso, no tendría tanta vivacidad.

¿Quién habla?

Cuando escribimos un diálogo, debemos tener en cuenta las características de los personajes que hablan.

Los novios pueden denominarse de muchas maneras.

A veces, una sola palabra puede identificar a un personaje. ¿Lo dudas? Fíjate en este ejemplo: un hombre va por la calle y se acerca a otro hombre y le dice:

–¿Me podrías decir la hora, amoroso?

La palabra "amoroso" nos dispara una imagen mental de este personaje, ¿verdad?

La naturalidad ante todo

Para que un diálogo parezca natural, una vez creado el personaje hay que tener en cuenta estos factores que incidirán en su manera de expresarse.

Capítulo VII - La voz de los personajes

El dialecto

La palabra dialecto se refiere a las variaciones geográficas de una lengua. Por ejemplo, es probable que en América latina se diga "enojo" y en España "enfado"; las muchachas españolas e hispanoaméricanas tienen *novio*, pero para las chilenas es *pololo* y las mexicanas lo llaman *galán*.

El sociolecto

Tiene en cuenta las diferencias según la clase social del hablante, su cultura y el entorno en que se expresa. Un iletrado, con bajo nivel cultural, no usará expresiones cultas ni empleará demasiadas oraciones subordinadas como podría hacerlo un especialista en literatura española medieval.

Es probable que a menor cultura se usen oraciones más cortas, se empleen muletillas y hasta se cometan errores como decir *Si habría sabido eso, no iba,* en lugar de *Si hubiera sabido eso, no iba*. Cada profesión tiene su jerga, es decir, su vocabulario específico. Un médico puede diferenciar una jaqueca de una migraña o una cefalea. Para el hablante común, se trata de un dolor de cabeza.

El cronolecto

Son las diferencias de habla según la edad del hablante o la época histórica en que vive o vivió. En una novela de piratas podemos hacer que un pirata diga "¡Voto a bríos!", cosa que resultaría extrañísima en un marinero del año 2004.

Si bien el diálogo parece privativo del teatro, el cine, la televisión y la radio, se emplea tambén en novelas, cuentos, poemas y hasta en filosofía.

Si en un diálogo introduces personajes de otra región o país, averigua cuál es su dialecto. Si usas Internet, encontrarás diccionarios regionales.

Cómo escribir correctamente y sin errores

Los personajes deben hablar según su edad y su cultura.

Uso de los monólogos

En una conversación real, los interlocutores no sueltan largas parrafadas por turno. Causa desagrado que un personaje A diga: "Yo pienso que..." y hable y hable, y luego el personaje B responda: "Puede ser, pero yo opino..." y hable y hable. Eso no es un diálogo, sino dos monólogos.

Se podrá objetar que los grandes dramaturgos del pasado, como Shakespeare, usaban largos monólogos y nadie los considera desagradables por eso. Pero, si reparamos en el uso que hacían ellos de los monólogos, en la gran mayoría de los casos eran relatos de acciones que no se podían poner en escena, como dos ejércitos de mil hombres cada uno que se enfrentaban a sablazos. A veces, el monólogo también se emplea para expresar una gran emoción que el personaje no puede confiar a nadie, como el famoso monólogo de Hamlet que comienza así: "Ser o no ser..., ésa es la cuestión...".En un relato, puede emplearse el monólogo para que un testigo le cuente a otro algo, sobre todo cuando lo que se narra no pertenece a la acción principal.

Los más ancianos podrán decir que van al biógrafo a ver una cinta, en cambio; los demás dirán que van al cine a ver una película o un filme.

¿Sabías que el habla que tiene más dificultades para reproducirse de manera que suene natural es la de los adolescentes? Sí, y esto es así porque los jóvenes emplean expresiones que caen en desuso en poco tiempo e, incluso, pueden no ser conocidas en otras zonas. Es como si tuviesen su jerga, pero ésta varía con gran velocidad.

También es natural, en un texto, que se usen monólogos para que el lector o el espectador se enteren de hechos que ocurrieron en el pasado. Esto es válido si el interlocutor **no conoce** esos hechos. Si algún personaje dice: "Ya sabes que en nuestra familia ocurrieron muchos hechos desagradables...", y los relata, el lector se pregunta –y con razón– ¿y si el otro ya lo sabe, para qué se lo dice?

La solución es dar la información del pasado poco a poco.

Si quieres un ejemplo magistral, lee *Edipo rey*, de Sófocles, donde se va revelando la vida de Edipo desde su nacimiento en distintas escenas, paulatinamente. Otro truco para obras largas con diálogos es el siguiente: supongamos que Alicia fue testigo de una disputa terrible.

¿Hablamos el mismo idioma en Hispanoamérica?

Se supone que –salvo las lenguas nativas– los hispanoamericanos hablamos el mismo idioma. ¿Es así? Lee las siguientes expresiones. ¿Qué entiendes en las de otro país?

¿Vamos a dar una vuelta en chivo? (Cuba)	Chivo: en Cuba, bicicleta; en Argentina, publicidad encubierta.
Llévale este lagarto bien frío a tu padre. (Cuba)	Lagarto: cerveza.
A Pedro lo tienen metido en un baúl. (Puerto Rico)	Baúl: estar enamorado.
Encontraron a José ahogado en un sillón. (México)	Ahogado: borracho.
No me trato con él porque es barbero. (México)	Barbero: que agasaja a las mujeres para lograr sus favores.
Raúl es muy amable: siempre dispara a las señoras. (México)	Disparar: invitar, pagar los gastos.
Ya no soporto tus carretas. (Colombia)	Carretas: mentiras, exageraciones.
Tengo una culebra que no me deja dormir. (Colombia)	Culebra: deuda.
En el aeropuerto de San Francisco había muchos guanacos. (El Salvador)	Guanacos: salvadoreños.
¿Puedes creer que un ladrillo me dijo un piropo? (El Salvador)	Ladrillo: ladrón.
Me mostró una foto de un bombón que me volvió loco. (Argentina)	Bombón: mujer muy bonita.
No fui a bailar porque andaba con moco. (Chile)	Moco: poco dinero.
Mi nieto es canilla. (Uruguay)	Canilla: vendedor de diarios.
No soporto a los curados. (Chile)	Curado: borracho.

Un buen diálogo está en función de los personajes, las situaciones y los incidentes.

Relatamos la disputa y, luego, nos vemos en la necesidad, por nuestro argumento, de que Alicia le cuente esa disputa a Gabriel. Pero el lector o espectador ya la conoce. ¿Qué hacer para no repetirla? Toma el diálogo –o el relato– cuando ella ya se lo contó a Gabriel, y entonces él podrá decir "¿Y no hubo arreglo?", y con eso bastará para que el lector entienda que Gabriel está enterado.

Los interlocutores y los matices

Una conversación puede ser presentada sin acotaciones, es decir, sólo por los parlamentos y la mención de quien lo dijo. Por ejemplo:
–¿Qué estás haciendo? –dijo Álvaro.
–Trabajando. ¿Y tú? –respondió Miguel.

Pero nota cómo cambia si acotamos:
–¿Qué estás haciendo? –dijo Álvaro sin disimular su inquietud.
–Trabajando –respondió Miguel con sequedad.

Las acotaciones o *incisos* sugieren relaciones y estados de ánimo de los interlocutores. Cada escritor elige cuánto y cómo acotar. Si quieres que el lector no suponga nada (porque cada uno puede suponer distintas cosas), no acotes. Un buen ejercicio sería escribir un relato con diálogos sin acotaciones y luego, al revisarlo, agregarlas cuando se consideren necesarias.

Ten en cuenta que si no eres muy ducho en el manejo de los diálogos escritos, es mejor que tus interlocutores no sean más de dos, a lo sumo tres. Si pones a más de tres, asegúrate de que todos hablen y de que lo que diga cada uno sea significativo, que no hablen por hablar.

Para qué usar diálogos

Debemos tener bien claro qué nos proponemos con un diálogo.

Un diálogo debe ser significativo, es decir, se debe emplear sólo aquello que resalte el carácter de los personajes o de las situaciones en que se encuentran.

Nunca utilices un diálogo en el que los personajes hablen por hablar..., salvo que quieras señalar que hablan por hablar.

Capítulo VII - La voz de los personajes

Introducir los diálogos

Como ya vimos, para hacer hablar a los personajes dentro de una narración recurrimos a los diálogos. Ahora veremos las diferentes maneras en que éstos se mezclan, más o menos diferenciadamente, dentro de las narraciones.

Discurso directo y discurso indirecto

En una situación de diálogo, alguien, a quien llamamos *narrador*, refiere a otra persona, a quien designamos *oyente*, lo que le dijo otra persona, llamada *hablante*. Es la típica situación de "Fulano me dijo que...". El narrador puede repetir literalmente, es decir, tal cual, lo que dijo el hablante, y éste es el **discurso directo**. Por ejemplo: *Luis me dijo: "¿Por qué me miras así?".*

El narrador, en el estilo indirecto, cuenta lo que le dijo el hablante; por ejemplo:
Luis me preguntó por qué lo miraba de esa manera.

Para el estilo indirecto se pueden usar los verbos siguientes:

Decir, expresar, afirmar, pronunciar, manifestar, razonar, explicar, declarar, contar, detallar, informar, alegar, enunciar, precisar, observar, señalar, vociferar, chillar, susurrar, musitar, gritar, aullar, especificar, exponer, mencionar, enumerar, anunciar, considerar, insinuar, aducir, endilgar, soltar, opinar, proponer, asegurar, aseverar, sostener, reiterar, citar, convenir, desgañitarse, bramar, tronar, llamar, entonar, suspirar, cuchichear, sustentar, bisbisar, farfullar.

Cómo escribir correctamente y sin errores

> *Cambios entre estilo directo y estilo indirecto*

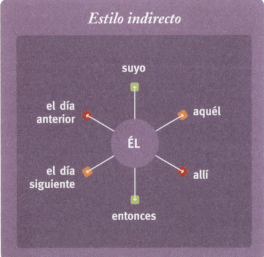

> *Cambios en los tiempos y modos verbales*

Discurso directo	Discurso indirecto
Paula dijo: -Voy a casa.	Paula dijo que iba a su casa.
Paula dijo: -He ido a casa.	Paula dijo que había ido a su casa.
Paula dijo: -Fui a casa.	Paula dijo que había ido a su casa.
Paula dijo: -Iré a casa.	Paula dijo que iría a su casa.
Paula dijo: -Quiero que vayas.	Paula dijo que quería que fueras.
Paula dijo: -Ojalá vayas.	Paula dijo que ojalá fueras.
Paula dijo: -Ojalá fueras.	Paula dijo que ojalá fueras.
Paula dijo: -Ojalá hayas ido.	Paula dijo que ojalá hubieras ido.
Paula dijo: -Ojalá hubieras ido.	Paula dijo que ojalá hubieras ido.

Capítulo VII - La voz de los personajes

Discurso directo: uso de dos puntos, comillas y rayas

Las palabras directas del hablante, cuando se transcriben tal cual las dijo, se llaman *parlamentos*. Las aclaraciones que hace el narrador reciben el nombre de *incisos* o *acotaciones*, aunque este último término se emplea más en textos dramáticos, como obras de teatro, cine, radio y televisión.

parlamento   inciso

parlamento   inciso   parlamento

Los parlamentos se indican con una raya de diálogo que va pegada a la palabra que le sigue. Ejemplo:
Armando: –Eso es una infamia.
Si el inciso va en el medio de lo que dijo otro, se pone entre rayas. Ejemplo:
–No te creo una palabra –dijo Gloria–. Eres un canalla.
Advierte que el signo de puntuación que corresponde al parlamento va después de la raya. Ejemplo:
–Ya sé lo que recuerdas –dijo la esposa–: la época en que nos íbamos de vacaciones.
–Seguro que más tarde o más temprano –razonó María–, comprenderás que tengo razón.

Si el párrafo termina con inciso, no se pone raya, por lo tanto es incorrecto este ejemplo:
–Me has emocionado –susurró Pepe–.

Una línea de diálogo nunca termina con raya, aunque sea el narrador quien lo cierre.

83

Usos expresivos de los incisos

Las buenas acotaciones crean un clima adecuado para cada diálogo.

Los incisos, además de indicar quién habla, se emplean con el objetivo de generar diferentes emociones y sentimientos y aportar información.

- Cuando se desea insistir en algún aspecto del personaje, por ejemplo:
  —Te dije que te fueras a tu cuarto —replicó el padre con su habitual tono amenazante.

- Cuando se quieren sugerir matices, como en estos ejemplos:
  —Déjame sola —respondió con rabia.
  —Déjame sola —susurró con un hilo de voz.
  —Déjame sola —replicó señalándole la puerta.

- Cuando son varios hablantes, por ejemplo:
  —¿Quién viene conmigo a pescar? —preguntó Roberto.
  —A mí no me gusta la pesca —dijo Bautista.
  —Prefiero quedarme en casa mirando la tele —rió Emilio.
  —¿Pescar con este frío? Debes estar loco —se burló Sebastián.

- Cuando el inciso emplea adjetivos y adverbios de modo, se amplía el efecto del diálogo:
  —Préstame atención —dijo Federico.
  —Préstame atención —dijo Federico apasionadamente.
  —Préstame atención —dijo Federico tímidamente.
  —Préstame atención —dijo alterado Federico.

- Una variante, si no te gustan los adverbios de modo (a veces "recargan" mucho una frase), es emplear una breve explicación sobre el modo en que se dijo algo, el gesto que se hizo al decirlo. Ejemplos:
  —Estás mintiendo —susurró Cecilia, apesadumbrada.
  —Estás mintiendo —dijo Cecilia, con fuego en los ojos.
  —Estás mintiendo —dijo Cecilia, mordiendo las palabras.

Capítulo VII - La voz de los personajes

–Estás mintiendo –dijo Cecilia, emocionada.
–Estás mintiendo –dijo Cecilia, estrellando un vaso contra la pared.

Habría que evitar...

Si bien pueden usarse indistintamente rayas de diálogo o comillas en el discurso directo, reserva las comillas sólo para un parlamento. Para que quede claro, imagina el diálogo de unos amigos que hablan de pesca de esta manera:
"¿Quién viene conmigo a pescar?", preguntó Roberto. "A mí no me gusta la pesca", dijo Bautista. "Prefiero quedarme en casa mirando la tele", rió Emilio. "¿Pescar con este frío? Debes estar loco", se burló Sebastián.

- Como en los diálogos las rayas separan los incisos de los parlamentos, no las emplees para aclaraciones, porque pueden confundir al lector. Ejemplo:
–Me parece que vi a Estela –dijo Efraín–. Estaba sentada en la plaza con un tapado verde –o al menos a mí me pareció que era verde.
Las rayas confunden. Entonces, reemplázalas por paréntesis:
–Me parece que vi a Estela –dijo Efraín–. Estaba sentada en la plaza con un tapado verde (o al menos a mí me pareció que era verde).

- Aunque se pueden poner dos parlamentos seguidos en el mismo párrafo, emplea mejor punto y aparte, es decir, en lugar de esto:
Julia parecía pensativa.
–Creo que voy a tomar una determinación –dijo–. ¿Piensas irte a vivir sola? –preguntó ansioso su padre.
Prefiere esto:
Julia parecía pensativa.
–Creo que voy a tomar una determinación –dijo.
–¿Piensas irte a vivir sola?
–preguntó ansioso su padre.

Los diálogos aportan mucho movimiento a un texto.

Cómo escribir correctamente y sin errores

> No se deben mezclar en un mismo diálogo, indistintamente, comillas y rayas. Esto es, no debes escribir un diálogo de esta manera:
> *"Creo que está todo bien", dijo Amanda.*
> *–¿Quieres decir que vas a conformarte? –insistió Arturo.*
> *"¿Por qué no? Ya estoy cansada de peleas", murmuró ella.*

Los pronombres en el discurso indirecto

Cuando emplees el discurso indirecto, debes tener en cuenta lo siguiente: fíjate en quién habla, quién escucha, de quién hablan, dónde lo hacen y la fecha en que hablan. Observa el siguiente cuadro comparativo.

Habla Juan
Escucha Ana
Día: 24 de mayo
Lugar: La Habana
Hablan de un ausente
Yo le he dicho a Luis que ese hombre llegó ayer allí, enviado por el tío de Luis, y que volvería mañana para conversar con nosotros.

Cuando los grandes se olvidan de corregir

Algunos grandes escritores, quizá llevados por el apuro de tener que entregar su obra en un plazo determinado, no corrigieron sus textos, y el resultado fue... los disparates que siguen:

> "Escuchó el ruido de un caballo en la calle. Era su padre que volvía." (Moliére)

> "Victoria continuó la lectura cerrando los ojos." (Edmond About)

> "La mano de ese hombre era fría como la de una serpiente." (Ponson du Terrail)

> "Desenvainó con furia el puñal que le faltaba." (Emilio Zola)
> "La muchacha le gritó dos palabras en voz baja." (Emilio Zola)

> "–¡Ah! –dijo don Manuel en portugués." (Alejandro Dumas)
> "–Son las once –contestó el mudo." (Honorato de Balzac)

> "Había un capitán con el brazo izquierdo doblado, que tenía el vientre encima de los codos." (Emilio Zola)

> "Desde que murió, no lo volví a ver." (Paul Hervieux)

> "En esa familia eran estériles de padres a hijos." (Alain Headson)

Habla Ana
Escucha Pedro
Día: 25 de mayo
Lugar: San Salvador
Hablan de XX, presente
Juan le ha dicho a Luis que este hombre llegó anteayer aquí, enviado por el tío de Luis, y que volvería hoy para conversar con ellos dos y conmigo.

Habla Pedro
Escucha Juan
Día: 26 de mayo
Lugar: San Salvador
Hablan de YY, ausente
Tú le dijiste a Luis que ese hombre había llegado el día anterior enviado por su tío, y que volvería ayer para conversar con vosotros (o ustedes).

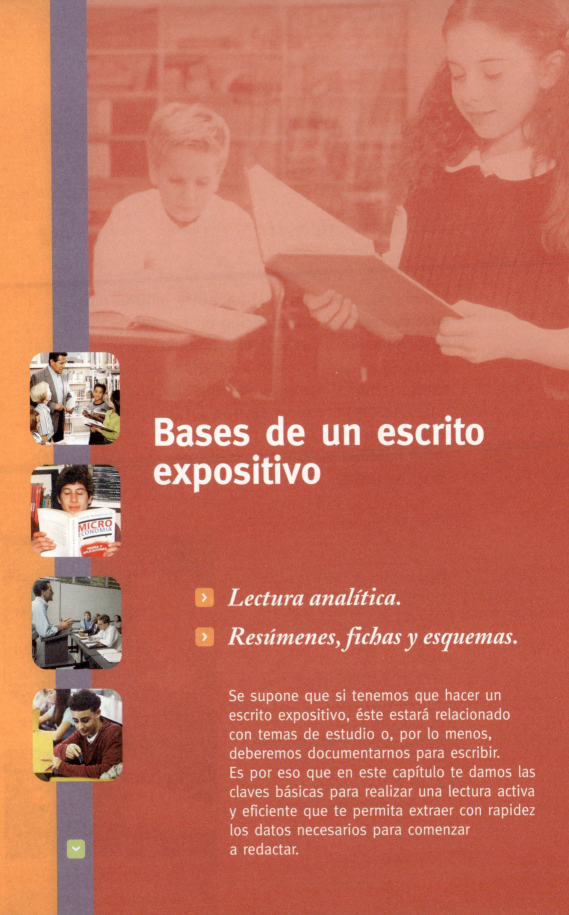

Bases de un escrito expositivo

> *Lectura analítica.*

> *Resúmenes, fichas y esquemas.*

Se supone que si tenemos que hacer un escrito expositivo, éste estará relacionado con temas de estudio o, por lo menos, deberemos documentarnos para escribir. Es por eso que en este capítulo te damos las claves básicas para realizar una lectura activa y eficiente que te permita extraer con rapidez los datos necesarios para comenzar a redactar.

Cómo escribir correctamente y sin errores

Los pasos previos
Lectura analítica

A menudo, en la vida estudiantil o laboral nos encontramos con la situación en la cual debemos desarrollar un informe o una monografía. Así como al principio el que aprende a conducir un automóvil tendrá temor y hasta puede cometer una torpeza, quien se prepara para escribir un texto informativo debe desarrollar ciertas habilidades e incorporarlas como hábitos. Si lo hace, podrá avanzar sin choques hasta la meta.

¿Sabes leer?

Los elementos paratextuales son indispensables para leer analíticamente un texto.

Parece una pregunta tonta, pues si no supieras leer no estarías leyendo esto, ¿verdad? No hablamos de esta lectura, sino de *otro tipo* de lectura, la lectura **analítica**, la que comprende cabalmente lo que lee, la que permite sintetizar y evaluar.

Los libros expositivos, esto es, los que imparten conocimientos, tendrán que leerse como paso previo a la escritura de una monografía, una tesina, un trabajo práctico, etc. Y también es una forma de aprender a estudiar.

Capítulo VIII - Bases de un escrito expositivo

Lectura analítica

- Haz una **prelectura** antes de leer todo el texto. Revisa el título, el subtítulo, el índice, el prólogo, la introducción. Esto te dará pautas para saber si ese libro es de lectura indispensable para tu tarea o si debes leer otro antes. En algunos libros, hay índices analíticos que suelen estar al final: léelos.

- Presta atención al título del libro. Un título casi siempre se relaciona con el contenido.

- Lee con mucho cuidado el índice del libro. El autor ha hecho una división o estructura en partes o capítulos. Esas divisiones indican grandes bloques. Los capítulos, a su vez, pueden tener subtemas. Todo forma un conjunto armónico y con él tendrás un principio de orden de exposición.

- Un libro se lee a una velocidad proporcional a su grado de dificultad. Tómate tu tiempo para leer un libro expositivo y no lo hagas en lugares donde haya elementos que puedan producirte distracciones.

- Haz una primera lectura para enterarte del contenido general.

- La segunda lectura, la analítica, deberás hacerla lápiz en mano. Marca con un subrayado o una línea en el margen las ideas principales. Esto te hará ahorrar tiempo en el momento de hacer tu resumen, y, a la vez, irás fijando las ideas. También puedes marcar las ideas secundarias con una línea ondulada o con una línea de puntos en el margen.

- Si no tienes un diccionario a mano, marca con un signo de interrogación todas las palabras cuyo significado desconoces. Luego, búscalas en el diccionario y anota su significado en el margen del libro, borrando el signo de interrogación. Con esto ampliarás notablemente tu vocabulario. Naturalmente, fíjate en no cometer errores de ortografía.

Subrayar las ideas principales sirve para fijar los contenidos de un libro y te ayudará cuando debas hacer un trabajo escrito.

Cómo escribir correctamente y sin errores

Leer con criterio

Antes de hacer un resumen es fundamental comprender bien el texto que se va a resumir.

En un texto expositivo, el autor intenta persuadir al lector acerca de algo. Si el autor estuviera presente, podría pedirle al lector que abriera juicio sobre el libro. Decir: "Es bonito", "Me gustó", "No lo entendí" o "Es aburrido" no implica emitir un juicio de valor sino sólo una opinión emocional. Así como, por cortesía, no debemos interrumpir a quien nos está explicando algo hasta que no haya concluido su explicación, no podemos tener una opinión crítica de un texto si sólo leemos unas páginas de él. Por lo tanto, acostúmbrate a leer libros enteros en dos etapas: primera de prelectura, segunda de lectura analítica.

Resúmenes

Un resumen es una redacción donde exponemos, en forma abreviada, las ideas principales o más importantes del escrito original. Un buen resumen agiliza el trabajo de investigación, ayuda a estudiar para exámenes escritos y orales, etcétera.

Cuando hacemos un resumen también comprobamos si hemos comprendido lo que expone el libro original o si existen algunas dudas.

Para poder resumir, primero haremos una lectura atenta, subrayando las ideas principales y haciendo una línea ondulada en las ideas secundarias. Se debe subrayar aquello que no se puede suprimir sin que se altere el texto base. Al subrayar, no hay que confundir ideas importantes con ideas interesantes. Las ideas importantes o principales contienen en sí mismas el resto de las ideas de un párrafo.

Se ha demostrado que se recuerda mejor aquello que se resalta; por lo tanto, puedes subrayar o marcar los datos más relevantes con marcadores o rotuladores de colores, aunque esto te impedirá borrar. Además, los marcadores tienen el inconveniente de que los colores fluorescentes cansan la vista. Se recomienda que el subrayado se haga en la segunda lectura del texto.

Hechos y opinión

Puede suceder que un texto teórico genere discrepancias. Podemos no estar de acuerdo con él..., y eso es bueno, ya que para discutir con un texto tendremos que poner en claro nuestro pensamiento y expresar argumentos.

Quedó así después de usar muchos resaltadores para estudiar.

Capítulo VIII - Bases de un escrito expositivo

Siempre se puede llegar a un acuerdo. Pero cuando en un texto el autor expone sin dar razones o ejemplos, puede que sólo se trate de una opinión personal que no se sustenta con los hechos. La manera más fácil de comprobar que el autor está dando opiniones es verificar si emplea los siguientes verbos:

Creer, opinar, juzgar, imaginar, pensar, entender, tener para sí, afirmar, sostener, pretender, estar persuadido.

La exposición de hechos es una exposición objetiva. Casi siempre está en modo indicativo y en tercera persona. Compruébalo leyendo una noticia en un diario, donde las suposiciones se ponen en condicional. Ejemplo: "Se **habría** descubierto una estafa al correo". Las opiniones, en cambio, exponen lo que alguien supone o juzga acerca de un asunto. Pueden tener más variedad de tiempos verbales o estar en primera persona.

El esquema

Podría decirse que se parece a un listado, casi un telegrama, que sólo quien ha leído el texto original es capaz de comprender. Se pueden usar signos, mayúsculas, minúsculas, distintos colores, diferentes tipos de letras, flechas, etc. Un buen esquema es un excelente auxiliar para el estudio y, a veces, hasta una guía para planificar un trabajo.

Tiene el inconveniente de que si se hace sumamente breve, sólo con palabras clave, tiempo después quizá no lo podamos interpretar.

Para hacer un esquema, se hace una prelectura y luego una lectura analítica subrayando las ideas principales. Luego se "comprimen" éstas a la menor cantidad posible de palabras clave. Esas palabras las extraeremos del texto, y no es necesario unirlas con conectores.

Cómo escribir correctamente y sin errores

Fichas

Fichar bien citas y datos nos ahorrará tiempo en el momento de encarar un escrito.

Las fichas son importantes para estudiar, preparar una exposición oral, o hacer acopio de datos, citas, conceptos, fórmulas de distintas fuentes que luego emplearemos al hacer otros trabajos. Como se escriben en un pequeño espacio, para poder consultarlas con facilidad, el texto debe ser breve, conciso y concreto.

Ventajas del empleo de fichas

- Precisan los aspectos más importantes de los materiales que leemos y los clasifican.
- Son fuentes permanentes de información.
- Permiten comparar datos.
- Son fáciles de llevar, por lo tanto sumamente útiles como ayuda memoria en una exposición oral.
- Pueden reactualizarse.
- Si hallamos un dato nuevo más preciso o mejor formulado, podemos desechar la ficha y reemplazarla por una nueva sin tener que variar todo el contexto, como ocurriría si trabajásemos con un cuaderno.

Partes de una ficha

- En el extremo superior izquierdo, se anota el tema específico.
- En el extremo superior derecho, se anota el tema general, con mayúsculas.
- El contenido puede estar formado por varias oraciones, un cuadro sinóptico o un esquema.
- Las fuentes van en el extremo inferior izquierdo.
- La numeración de la ficha se pone en el extremo inferior derecho.

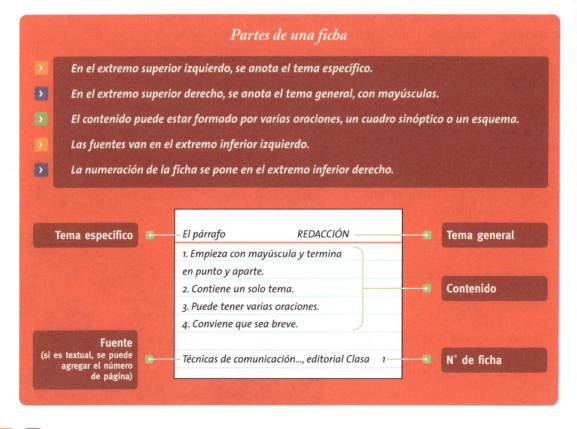

Tema específico ← *El párrafo*   REDACCIÓN → **Tema general**

1. Empieza con mayúscula y termina en punto y aparte.
2. Contiene un solo tema.
3. Puede tener varias oraciones.
4. Conviene que sea breve.

→ **Contenido**

Fuente (si es textual, se puede agregar el número de página) ← Técnicas de comunicación..., editorial Clasa   1 → **N° de ficha**

Monografías e informes

- *La búsqueda de fuentes.*
- *Pasos para seguir.*
- *Las partes de una monografía.*

A la hora de hacer una monografía, la escritura es sólo una parte de nuestro trabajo. La búsqueda de fuentes y la selección del material también son fundamentales. Segun cómo organicemos estos elementos será el resultado de nuestro trabajo.

La investigación escrita
Producir textos informativos

En la vida estudiantil, hay que hacer monografías. Se trata de trabajos escritos en los que se investiga un tema determinado. Debido a la importancia que tienen para avanzar en una carrera o ascender en un trabajo o profesión, conviene conocer sus características y cómo se realiza.

La monografía

Una monografía es **un estudio profundo de un único tema**. Es el primer acercamiento que tiene el estudiante con un área de investigación.

Una monografía no es una mera copia o una acumulación de datos, sino que se caracteriza por la selección de la información, el análisis de ésta y las conclusiones personales. Puede variar en su extensión, según el año que se esté cursando, y en ella el estudiante volcará los datos obtenidos de distintas fuentes, los organizará y luego los evaluará de manera crítica.

Consejos para la elección del tema y la búsqueda de fuentes

Hay que meditar el tema de la monografía, pues una vez seleccionado será difícil retractarse. Al elegirlo, conviene tener en cuenta estos consejos:

¡Cuándo terminaré la monografía sobre la historia de la humanidad!

Capítulo IX - Monografías e informes

🔹 No elijas temas muy abarcativos, por ejemplo, "Problemas sociales de América Latina" o "La poesía inglesa". ¡Llevaría años desarrollarlos! Cuanto más circunscripto sea el tema, trabajarás en él con mayor profundidad, la bibliografía estará más acotada y, por lo tanto, podrás entregar el trabajo en el plazo estipulado. Antes de decidir el tema, consulta con profesores, especialistas, estudiantes de cursos superiores.

🔹 El tema tiene que adecuarse a la bibliografía disponible. Si, por ejemplo, eliges hacer una monografía sobre los astronautas rusos, quizá debas recurrir a la embajada de Rusia, donde el material bibliográfico –si lo tuvieran– estaría... en ruso.

🔹 Elige un tema que sea interesante, que te motive a investigar. Hacer una monografía no es un castigo, sino que se trata de comprobar que podemos emprender un trabajo analítico serio. Cuanto más interesante resulte el tema, lo harás con más entusiasmo.

🔹 Si el tema ha sido dado por el profesor, busca la faceta o aspecto que más te interesen. Por ejemplo: si debes hacer una monografía sobre el cuento español del siglo XX, y te gusta la ciencia ficción, pregunta a tu profesor si puedes acotar el tema de esta manera: "El cuento español de ciencia ficción en el siglo XX".

Los temas muy amplios impiden trabajar en profundidad y entregar la monografía en el tiempo estipulado.

Primeros pasos al hacer una monografía

Hacer una monografía es un trabajo sencillo, pero siempre debe emprenderse de una manera ordenada. De la forma en la que encaremos el material de lectura que tenemos que analizar dependerá, en gran medida, nuestro éxito.

95

Cómo escribir correctamente y sin errores

1. Investigación bibliográfica

Una vez elegido y acotado el tema, concurre a una buena biblioteca y pide asesoramiento. Harás fichas bibliográficas (ver el capítulo 8), consignando el nombre del autor y de la obra, el lugar donde hallaste el libro (por ejemplo, Biblioteca Central), y la signatura tipográfica. La *signatura tipográfica* es la inscripción de cada libro que se hace en la biblioteca, que permite localizarlos rápidamente. Es como una dirección que consigna: sala, estantería, estante, número de libro. Por ejemplo: A14d5 significa sala A, estantería 14, estante d, libro número 5. Anota en la ficha el número de capítulo donde crees que hay material que te sirva.

2. Selección bibliográfica

Selecciona ahora por dónde comenzarás a investigar. Para eso te servirán las fichas. Haz un plan de trabajo realista. Anota, como si fuera una agenda, los libros que consultarás en el orden que conviene hacer la consulta (no empieces por el más difícil o para superespecialistas). Toma conciencia de que si hay mucha bibliografía no podrás consultarla toda.

3. Las generalidades del tema

Antes de comenzar a hacer los resúmenes de los libros que consultarás, es conveniente que leas analíticamente, en una buena enciclopedia, las generalidades del tema, para ir habituándote a él y al léxico.

El plan de trabajo

Normalmente, una monografía se organiza con un criterio que va de lo general a lo específico. Luego irá la conclusión.

Una buena planificación permite trabajar con mayor rapidez, y evita desviaciones. Impide perder de vista la unidad que la monografía exige y sirve para una mejor comunicación con quienes lo guían en el trabajo.

Antes de la bibliografía específica, lee una buena enciclopedia para familiarizarte con el tema.

Capítulo IX - Monografías e informes

Un plan es una guía, un boceto y, por lo tanto, puede modificarse cuando no se adecua a lo que pretendes. Un buen plan sirve, fundamentalmente, para que el tiempo y el trabajo rindan más que si saliésemos a buscar cosas sin tener un hilo conductor. Es como intentar hacer una casa sin un plano. Se puede, claro, pero sería lamentable tener que derribar una pared porque no previmos que por ahí deberíamos hacer pasar la tubería para el agua o los conductos para el aire acondicionado.

El plan de una monografía es la estructura que hemos elegido darle a nuestro trabajo, el "plano" necesario para su construcción.

Un plan tiene en cuenta las partes de la monografía y los tiempos calculados para cumplir con el trabajo. Debes considerar que tienes que hacer dos o tres borradores antes de pasarla en limpio, que quizá sea necesario entrevistar a alguien, de modo que prevé estos tiempos también. No olvides el tiempo adicional para revisar la sintaxis y la ortografía.

Partes de una monografía

Éstas no sólo responden al ordenamiento lineal correspondiente a *principio*, *medio* y *fin*, sino que cada una de estas partes cumple objetivos específicos en relación con la presentación de la información.

Es imposible hacer una casa si no tenemos un plano; lo mismo sucede con una monografía.

1. Introducción

En ella **se plantea el tema** y se declaran los motivos por los cuales hemos hecho esa elección. También hay que dejar en claro cuál es la delimitación que hemos hecho, pues ya hemos visto que los temas de las monografías deben estar acotados. Al especificar el recorte que hicimos, debemos aclarar desde qué punto de vista será encarado el trabajo, qué enfoque le daremos. Si hemos tenido problemas para recopilar datos o consultar bibliografía, hay que dejarlo consignado en la introducción.

Siempre hay que elaborar un plan realista antes de escribir una monografía.

2. Desarrollo o cuerpo

Aquí **se analiza el material seleccionado**. Conviene establecer que hemos comprendido la bibliografía, por lo cual se aconseja no transcribir textualmente sino aquellas frases más significativas. Una monografía no es una sucesión de citas, sino una interpretación, una valoración. Quien la escribe debe volcar lo aprendido con sus propias palabras y luego analizarlo. Si vamos a usar alguna idea de un autor, si coincidimos con alguien, debemos dejar constancia de ello, y no apropiarnos de esa idea y darla como propia. El desarrollo se puede dividir en secciones o capítulos.

1. Introducción al tema.

2. Situación de éste (cuál es su estado al iniciar la investigación, cuáles problemas se detectaron, etcétera).

3. Determinación de los objetivos y análisis de ellos. O sea, se vuelcan las distintas hipótesis existentes.

4. Demostración de los argumentos empleados con la bibliografía disponible.

3. Conclusión

Aquí **se sintetizan las conclusiones** a las que llegaste. Las conclusiones deben estar fundamentadas y apoyadas en la opinión de autores de la bibliografía o en la de autoridades, como los expertos que has consultado. Si se trata de opiniones con las que estás de acuerdo, hay que ser honestos y decir, por ejemplo, "coincidimos con Fulano en que...", y no atribuirse la conclusión como si fuese propia. En suma, la conclusión es todo lo que el investigador deduce o infiere de su trabajo, lo que elabora como propio tras realizar un análisis.

En algunos casos pueden incluirse **anexos,** por ejemplo, copias de entrevistas realizadas a especialistas, transcripción de algún artículo de una ley si es un tema jurídico, encuestas realizadas u obtenidas, gráficos, etcétera.

En las monografías grupales, hay que solucionar los problemas entre todos y evitar dejar cosas pendientes para último momento.

Extensión de una monografía

La extensión de una monografía es variable; en el caso de las monografías escolares, los profesores suelen indicar la cantidad de páginas mínimas que debe tener. En general, la extensión depende del tema elegido, pero cabe recordar que al tratarse de una investigación no podrá ser hecha en sólo dos o tres páginas. El tiempo en que habrá de elaborarse también varía, y depende de otros factores, pero está estrechamente ligado a la voluntad de trabajo del autor..., o a su falta de voluntad. Hay, sí, una exigencia con el tiempo de entrega: debe ser estricto.

Una monografía no sólo sirve para ponerse en contacto con una tarea propia de investigación, sino con el desarrollo de lo que será la futura vida estudiantil universitaria o laboral, por lo tanto no se admiten demoras.
Es debido a esto que adquiere mucha importancia la realización de un plan de trabajo realista e inflexible.

Aspectos formales de una monografía

Una vez corregido el borrador, se procede a la redacción definitiva. Se trabaja con hojas blancas, escritas a máquina o con procesador de textos.

En la **carátula** se pone el nombre y apellido del autor, el tema y el

título elegidos, la fecha en que se entrega, la institución donde se entrega, el curso, la asignatura y el nombre y apellido del profesor a cargo.

Los **títulos** se remarcarán con negrita y subrayado, a la izquierda de la hoja. Los **subtítulos** se escriben subrayados, pero no en negrita. También van alineados a la izquierda.

Los gráficos, los cuadros, las redes o los mapas conceptuales, las imágenes o las fotografías deben ubicarse en el sitio preciso donde se los cita. En caso de haberlos tomado de algún lugar —esto es, cuando **no** se trata de cuadros o gráficos hechos por el investigador—, se debe consignar la fuente de donde se los tomó: libro o revista, autor, fecha de edición. Si es una revista, número del ejemplar y año de publicación.

En las monografías, hay que ser honesto: si una idea no es tuya, no te la apropies sin mencionar a su verdadero autor.

Cómo escribir correctamente y sin errores

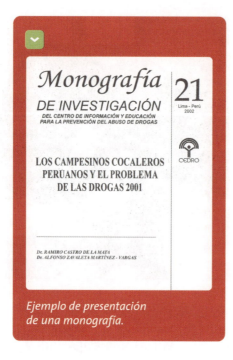

Ejemplo de presentación de una monografía.

La evaluación

Una manera de demostrar que se ha comprendido la bibliografía consiste en destacar algunas de sus ideas.

Si bien hay distintos criterios para evaluar una monografía, casi todos los maestros tienen en cuenta estos factores en el momento de calificar a los trabajos de investigación:

- **Apariencia:** el trabajo debe estar limpio; si se ha escrito a mano (lo que se puede hacer en la escuela primaria), la letra debe ser clara.

- **Organización:** debe ser coherente, con secuencias organizadas según un criterio lógico.

- **Originalidad:** la originalidad de una monografía depende, muchas veces, del enfoque particular del tema, de cómo lo acotó cada alumno.

- **Variedad:** en este caso, se trata de las fuentes utilizadas. Deben consultarse varias obras, no una sola.

- **Gramática:** deben evitarse los errores de ortografía; hay que cuidar la buena puntuación y el uso correcto de las mayúsculas. Para evitar problemas con las oraciones subordinadas, recuerda hacer párrafos cortos y oraciones breves, y preferir el orden sintáctico de sujeto, verbo, complementos.

- **Concisión:** debe ser un trabajo concreto, esto es, no irse por las ramas ni explayarse demasiado en cosas de poca importancia.

- El **lenguaje** debe ser el **apropiado** y lo más sencillo posible. Una monografía con lenguaje muy rebuscado hace sospechar al maestro de que se está copiando de una fuente, sin declararla.

- Hay que consignar la **bibliografía consultada**. Cada obra debe figurar con su título, nombre del autor, año de edición, capítulo o parte y –si la cita es textual– número de página.

Buscar trabajo

> *El currículum vitae.*

> *La carta de presentación.*

El currículum vitae es la principal herramienta que poseemos a la hora de conseguir trabajo. No requiere un gran despliegue de habilidades narrativas para que sea eficaz, sólo se trata de una receta de pocos pasos que podemos seguir aunque cambiemos sus ingredientes.

Cómo escribir correctamente y sin errores

El currículum vitae
La oportunidad de un escrito

Para acceder a un puesto de trabajo, las empresas solicitan un currículum. Cada día es más importante tener conocimientos, pero también lo es poseer una serie de características personales, habilidades y actitudes para lograr ese trabajo. La dificultad se plantea cuando se poseen esas cualidades, pero no se saben poner eficazmente por escrito.

El siglo XXI y el trabajo

La industria se desarrolló tanto en el siglo XX, que cada vez se requiere menos mano de obra. Esto, unido a la incorporación masiva de la mujer al mundo laboral, hace que haya más competencia en el momento de buscar trabajo. A veces, se logra un empleo en un ambiente que no es acorde con nuestro carácter, o nos vemos involucrados en tareas para las que no estamos totalmente preparados y dejamos, en cambio, que muchas de nuestras habilidades no se desarrollen en el trabajo. Todo esto trae aparejado, naturalmente, una peor calidad de vida. Un currículum, por sí mismo, no consigue un empleo, sino que es la llave para lograr una entrevista. El posible empleador debe formarse una idea del tipo de persona que envía esa hoja de vida. Quien manda su currículum cifra en él la esperanza de transmitir por escrito su inteligencia, su preparación, sus ganas de trabajar.

Capítulo X - Buscar trabajo

¿Cómo somos?

Para poder ofrecer al mercado laboral aquello que requiere, debemos conocernos. Además, ese conocimiento de algunas facetas nuestras nos va a orientar mejor en la búsqueda de trabajo. Supongamos que hemos estudiado contabilidad, pero también nos gusta hacer vida social y deportes. ¿No sería más lógico intentar una actividad en un club deportivo o en un gimnasio, en el sector administrativo, que en una oficina que realiza censos?

Lectura de anuncios

Una vez que indagues honestamente tus habilidades y talentos, analiza las necesidades del mercado laboral. Asocia ambas cosas, y luego selecciona.

Pasa luego a buscar la sección de anuncios de trabajos ofrecidos. Lee atentamente los requisitos exigidos en las ofertas de empleo y busca los que más se adecuen a lo que eres. Algunos requisitos son obligatorios. No aparecerá en el periódico la palabra "obligatorio", sino dirá "se requiere". Si se trata, por ejemplo, de movilidad propia y no dispones de un vehículo, busca otro aviso. Si se requiere inglés o computación, el subtexto es que buscan a alguien que sea muy bueno en inglés y en computación, no un principiante. Otros anuncios no tienen condiciones obligatorias sino deseables. Son aquellos que dicen "se valorará". Esto significa

El aviso dice "bien parecido", y yo soy bien parecido a Frankestein.

que buscan a alguien que pueda tomar notas a la velocidad del habla. Si no sabes taquigrafía, pero eres muy veloz escribiendo a máquina o en computadora, debes destacar eso en tu currículum, y quizá te llamen para tener una entrevista.

El objetivo de un currículum es lograr que nos entrevisten.

Datos concretos

Una vez que detectamos en el periódico, o en cualquier otro medio, un aviso que propone un puesto al que nos gustaría acceder, llega el momento de la verdad. El currículum vitae es nuestra herramienta para probar suerte. Es como si preparáramos un anzuelo para disponernos a pescar... Ponemos en ello todo nuestro entusiasmo, pero después sólo nos resta arrojarlo y esperar.

Los datos de un currículum

No es conveniente mentir en los datos del currículum.

Los datos que se vuelcan en un currículum deben estar ordenados para que quien los lea pueda localizarlos con facilidad, e interpretarlos, y no le queden dudas de que ése es el candidato ideal para entrevistar.
El orden que se debe seguir es el siguiente.

1. Datos personales

- **Nombres y apellidos.**

- **Dirección:** Calle, número, apartamento o piso, y planta (si corresponde), ciudad, distrito postal.

- **Teléfono.** Es preferible consignar dos: el particular y otro de contacto. Debe especificarse cuál es cuál y proporcionar el nombre del contacto.

- Dirección de correo electrónico (e-mail) en caso de disponer de éste.

2. Experiencia profesional

Nombre de la empresa o empresas en las que trabajaste, tiempo de permanencia, sector, denominación del puesto. Señala brevemente los logros, las realizaciones y los éxitos.

3. Formación académica

Estudios oficiales (sólo los de mayor rango: se descuenta que un profesional ha pasado por la escuela primaria y la secundaria). Consigna en este orden:

- Título.
- Quién lo otorgó.
- Fechas de inicio y fin.

4. Estudios extraoficiales

Son aquellos cursos que revisten importancia respecto del puesto al que aspiras, o los que tengan un prestigio especial o sean de larga extensión. Consigna las horas de duración, por ejemplo: 40 horas en total.

Si no tienes experiencia, consigna las prácticas que hayas realizado.

5. Idiomas

Interesan los idiomas que sí se dominan, no aquellos en los que apenas nos defendemos.

Conviene calificar el conocimiento en bajo, medio o alto. "Bajo" es cuando sólo podemos leer en ese idioma; "medio" cuando podemos leer y conversar, y "alto" cuando además podemos escribirlo con fluidez y sin faltas de ortografía o sintaxis.

No mientas en este punto, pues ¿qué pasaría si te dieran una entrevista y el entrevistador te habla en hebreo?

Mientras todavía estás en el colegio, puedes hacer tu currículum para emplearte y ganar algo de dinero durante las vacaciones.

6. Otros datos de interés

Consigna los datos que puedan ser interesantes para destacar en relación con el puesto solicitado, como si tienes vehículo propio, haber vivido en el extranjero, etc. Estos datos sólo se consignan si sospechamos que pueden interesarle al empleador, si no, no recargues tu currículum.

7. Informática

Consigna tus conocimientos de manera específica; por ejemplo, qué tipos de programas dominas: procesadores de texto, hojas de cálculo, bases de datos, Internet, correo electrónico, lenguajes de programación. Indica el nivel que posees y cómo lo obtuviste.

A partir del conocimiento de ti mismo estarás en condiciones de decidir a dónde debes enviar tu currículum.

Cómo escribir correctamente y sin errores

Condiciones de un buen currículum

- Debe ser **breve**. Se aconseja que no se extienda más de dos páginas. Por lo tanto, habrá que practicar cómo resumir sin que parezca un telegrama. Por ejemplo: *Al tomar ese puesto no había una base de datos actualizada de los posibles clientes que ya habían sido contactados, y yo la realicé*. Son 20 palabras. Ahora compara: *Logro: Nueva base de datos de potenciales clientes*. Solamente 8 palabras.

- Hay que expresar **una sola idea en cada frase**, por lo tanto emplea palabras cortas y frases y párrafos breves.

- **Destaca tus cualidades sin mentir**. Los que se dedican a leer currículos esperan que sus datos sean fehacientes. Se deben resaltar los aspectos más importantes de la personalidad y el recorrido académico y laboral reales.

Un buen currículum es conciso, claro, ordenado, e interesante.

- **Debe atraer la atención**. Recuerda que para el mismo puesto se presentarán muchos postulantes. Puedes dar un toque diferente a tu currículum usando un papel de gran calidad con algo que lo distinga: un color marfil o crema, un tono pastel suave; o elige papel reciclado o alguno cuya trama imite una tela.

- Debes escribir tu **currículum con procesador de textos**. Si lo deseas, puedes destacar lo más importante en un recuadro, o usar una tinta de otro color para eso. Pero no cambies mucho de color o de letra: dos colores o dos tipos de letras son suficientes.

- Debe **despertar el interés** por conocerte. Los currículos se leen como quien ojea los titulares de un diario; o sea que nos detendremos en aquellos que por su redacción parezcan más interesantes.

La importancia de una buena presentación

Como cada currículum será sometido a una rápida mirada antes de leerlo, ten en cuenta estos aspectos que hacen a la presentación.

Capítulo X - Buscar trabajo

- Envía siempre un **original**. Olvida las fotocopias. Un currículum es un espejo de quien lo envía, por lo tanto hay que extremar el cuidado puesto en la presentación.

- Si solicitan una **fotografía** tuya, envía una **original**. Es más caro, pero tú deseas que te entrevisten. Es mejor enviar una foto de estudio, no una foto de carnet de las que se hacen en cinco minutos para una credencial común. La diferencia con una foto de estudio es notable.

- **No pegues la foto** a las hojas del currículum. Ponles tu nombre y número de teléfono en el dorso, pues algunas empresas incorporan fotos a sus fichas internas.

- Usa papel de tamaño A4 o carta.

- Cuando imprimas el texto, pon la impresora en "alta resolución".

- Deja márgenes amplios.

- Usa interlineado de 1,5.

- Si son varias hojas, pon tu nombre en cada una de ellas y numéralas.

- **Revisa la ortografía y la sintaxis**. Si tienes dudas, primero usa el corrector de ortografía y el de sintaxis del procesador de textos, pero como éste no es totalmente certero, haz que alguien con buena redacción y ortografía revise el documento antes de enviarlo.

- **Firma el currículum al final**. Puedes poner una línea que diga "Referencias disponibles a solicitud": esto significa que no hay que recargar el currículum con los nombres y señas de personas que pueden dar referencias tuyas. Prepara un listado de esas referencias y guárdalo para cuando te citen a una entrevista.

Una excelente presentación predispondrá bien al lector.

El estilo que se debe emplear

A lo largo de los distintos capítulos de este libro hemos visto que siempre es preferible emplear párrafos breves, oraciones cortas, vocabulario sencillo.

En el caso de un currículum, esto se torna imprescindible, dada la poca extensión que tenemos para

Tendría que tomar a alguien para que lea los currículos.

Cómo escribir correctamente y sin errores

Un currículum debe ser personalizado para cada aviso, pues en cada caso se requieren habilidades dieferentes.

lograr interesar al seleccionador de personal. Pero hay otros consejos que conviene tener en cuenta acerca del estilo.

- Utiliza la tercera persona del singular en lugar de la primera. Esto da más objetividad al currículum.

- Evita los verbos compuestos.

- Jamás emplees adjetivos calificativos como "excelente" o "maravilloso" para referirte a ti mismo o a alguna labor realizada por ti. Cuenta tu experiencia que, si ha sido buena y honesta, hablará por sí sola.

- El tono informal sólo debe usarse si el puesto requerido exige ese perfil. Será distinto un currículum enviado a una financiera que uno dirigido a una agencia de publicidad.

- Evita siglas y abreviaturas que nadie entiende.

Cómo resaltar las habilidades

Un currículum efectivo está escrito con fuerza pero sutilmente. Para eso, más que enfocar la "venta" de nuestras habilidades, conviene ponerse en el lugar del empleador y preguntarse qué necesidades tiene.

Quien busca un empleado tiene una necesidad; pregúntate cuál sería el candidato perfecto y qué se espera de él. Piensa en ello para las dos primeras frases de la carta de presentación, de modo que quien lea tu hoja de vida sienta que si te contrata obtendrá un beneficio. En los últimos tiempos se acostumbra incluir un resumen de calificaciones, esto es, las características que nos distinguen como individuos; por ejemplo: "enérgico, con capacidad para resolver problemas complejos en poco tiempo".

Lo que hay que evitar

- No envíes el mismo currículum a dos empresas distintas, aunque sean del mismo sector y del mismo nivel. Así como no hay dos personas iguales, no hay dos empresas iguales y menos dos puestos de trabajo iguales.

Capítulo X - Buscar trabajo

- No uses el recorte de una fotografía con tu imagen para incluir en tu currículum.

- No menciones aspectos negativos de tu trayectoria. Si has tenido un empleo pero te echaron por impuntual, mejor no lo menciones.

- No pongas datos de manera desorganizada. Debes demostrar que eres ordenado y lógico.

- No cuentes todo. Puedes aburrir, y un poco de misterio siempre estimula el interés del lector.

- No uses términos genéricos, vagos, como "Deseo obtener una posición retadora en una buena corporación".

- Evita incluir información que revele tu religión, color político o cualquier aspecto que pueda generar controversias.

- No incluyas demasiadas aficiones; el empleador pensará que estás demasiado ocupado y no puedes dedicarte plenamente a tu trabajo.

Cuando enviamos el currículum por correo electrónico

Si debes mandar tu currículum por correo electrónico, antes de apretar el botón "Enviar", revisa estos ítems:

- Graba el texto en un formato ASCII. Luego selecciónalo, cópialo y pégalo en tu e-mail en un mensaje nuevo.

Envió una lupa para que vea su cara en esta foto.

¿Y eso?

- Envía este mensaje primero a un amigo para asegurarte de que otra persona lo puede abrir y leer sin problemas.

- Si puedes, intenta leerlo en distintos programas de correo electrónico.

- Envía, ahora sí, el currículum vía correo electrónico a la empresa. En "Asunto" pon el cargo que solicitaron en el anuncio.

- Lleva un registro de las empresas a las que les envías tu currículum vía e-mail. Cuando hacemos una búsqueda intensa de trabajo, podemos olvidar o confundir si ya lo hemos enviado o no a determinada empresa. Y no querrás parecer desorganizado enviando dos veces lo mismo, ¿verdad?

Antes de enviar tu currículum por e-mail, mándalo a un amigo para asegurarte de que llega bien.

La carta de presentación

La carta de presentación es la oportunidad de explayarte y de buscar en tu escritura un estilo ameno que seduzca al seleccionador. Pero... ¡atención! Cuidado con ser obsecuente o desamasiado soberbio.

Nuestra introducción

Una carta de presentación bien ordenada habla de nuestra organización interna.

Un currículum se envía con una carta de presentación. Es algo así como una introducción al currículum; por lo tanto si la envías por correo común, debe estar abrochada en primer lugar, como hoja número uno. Y, si la envías por e-mail, debe ser el primer envío, a menos que unas todas las hojas; en tal caso, primero va la carta presentación.

Esta carta será lo primero que lea el seleccionador, por lo tanto debe captar su atención.

Así como en el caso del currículum, debes revisar la ortografía y la sintaxis, y hacer una copia de alta calidad de impresión, con interlineado de 1,5. Hay dos tipos de cartas de presentación: la que se envía junto con el currículum respondiendo a una oferta concreta de trabajo y la que se manda para que tengan en cuenta nuestros antecedentes para cubrir algún cargo futuro. A esta última se la suele llamar de autocandidatura.

La carta de presentación se envía junto con el currículum.

Consejos generales para escribir una carta de presentación

- No repitas lo que vas a poner en el currículum. ¡Sé breve!

- Evita los desbordes efusivos tanto en el interés que demuestres por el puesto ofrecido como en el saludo.

Capítulo X - Buscar trabajo

- Deja de lado los lugares comunes, pues quieres impresionar bien, como alguien distinto. Por lo tanto, olvídate de "A quien corresponda", "A quien le pueda interesar", "Muy señores míos" y otras formas genéricas y triviales.

- No des órdenes ni sugerencias.

- Usa siempre un procesador de textos.

- Dirige la carta a una persona determinada. Trata de averiguar quién es el encargado de la selección de personal. Si no lo consigues, sé concreto: "Señor Encargado de Recursos Humanos" o "Señor Jefe de Personal".

- Encabeza la carta con tu nombre, dirección, teléfono y e-mail si tienes, pues si la empresa separase las cartas de presentación de los currículos, siempre podrán localizarte.

- Recuerda que el enfoque debe estar en lo que la empresa necesita, no en lo que tú quieres

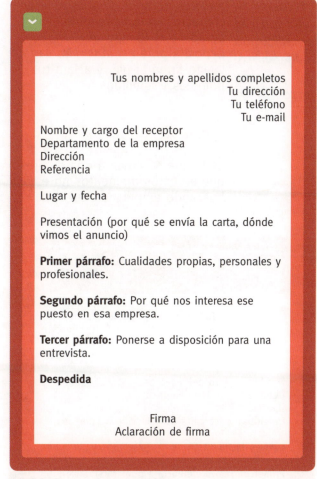

Modelo de carta de presentación.

Carta de presentación para ofertas concretas de trabajo

Es la que enviamos para responder a un anuncio. Debe ser concreta, precisa, breve. En ella te "vendes" y deseas provocar el deseo del empleador para darte una entrevista. Observa la diagramación:

El primer párrafo debe ser impactante, por ejemplo: *Soy práctico, productivo, y me agradan los desafíos de resolver problemas complejos en poco tiempo.*

En el segundo párrafo, se explica por qué nos interesa ingresar a esa empresa.

En el tercer párrafo nos ponemos a disposición para la entrevista. No debes olvidarte de indicar los

Cómo escribir correctamente y sin errores

El cuerpo de una carta de autocandidatura es diferente al de una presentación. mejores horarios para establecer contacto. En la despedida, agradece el tiempo que depositaron en ti al leer tu carta. Luego firma al pie, y aclara tus nombres y apellidos.

Carta de autocandidatura

Es la que se envía a una empresa que en estos momentos no está buscando empleados nuevos.

En ella se solicita que nos tengan en cuenta para futuras incorporaciones.

No envíes el mismo currículum y la misma carta de presentación a todas las empresas de una lista o guía de teléfonos.

La carta de autocandidatura tiene de bueno que no estamos compitiendo directamente con otros candidatos y, por lo tanto, podemos adelantarnos a algunas necesidades de la empresa. Es adecuada también para pequeñas empresas o estudios profesionales. Hay que destacar siempre en qué departamento o área funcional deseamos trabajar.

Esquema de una carta de autocandidatura

Se repite, como en la carta de presentación tradicional, la ubicación de nuestros datos y los de la empresa a la que escribimos, pero su contenido difiere considerablemente. Observa el esquema.

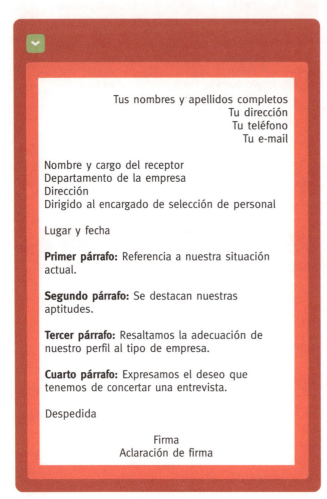

Modelo de carta de autocandidatura.

En busca de la perfección

> *Usos de las preposiciones.*
> *Adjetivos apocopados.*
> *Uso correcto de adverbios.*

Ahora que ya has realizado un recorrido por los diferentes aspectos de los textos, es un buen momento para afilar el lápiz y dedicarte a la corrección de errores gramaticales que, como observarás en estas páginas, son más frecuentes de lo que supones.

Preposiciones, adjetivos y adverbios
Usamos correctamente…

Generalmente, las dudas que nos plantean las preposiciones se refieren a cuál es la correcta: ¿crema para manos o crema de manos? ¿Acostado a la sombra o acostado en la sombra? En estas páginas encontrarás las dudas más frecuentes y cómo corregir errores con las preposiciones, para que tus escritos sean un éxito.

Malos usos de la preposición "a"

Cuando tengas una duda, consulta un buen diccionario.

- Es obligatorio usarla cuando precede a un objeto directo: *Vio **a** su hijo jugando en el jardín*. Pero si se desea dar un sentido indeterminado, no debe ponerse esta preposición: *Busco un socio para importante empresa editorial*.

- **Sustantivo + a + verbo en infinitivo** es una combinación que debe evitarse, como en *La tarea **a** realizar*. Lo correcto es emplear la preposición "por": *La tarea **por** realizar*.

- Es incorrecto *ven **a** acá*. Lo correcto es *ven acá*, sin preposición.

- Las formas *cocina **a** gas*, *olla **a** presión* y otras similares son incorrectas. Debe usarse la preposición "de", pues indica el agente que realiza algo. Compáralo con *molinos **de** viento*.

Capítulo XI - En busca de la perfección

- Si se trata de agregados a algo, la preposición que se debe emplear es "con". Así se dirá crema **con** palta, fideos **con** tuco, etc. Las formas como fresas **a** la crema son incorrectas.

- **Con** la mayor brevedad es la forma correcta. Evita **a** la mayor brevedad.

- La preposición "a" no indica lugar preciso, por lo tanto dolor **al** pecho es incorrecto. Se debe decir dolor **de** pecho.

- Después del sustantivo "limpieza" corresponde la preposición "en": limpieza **en** seco.

Malos usos de la preposición "bajo"

La preposición "bajo" indica: a) situación inferior; b) en sentido figurado, significa "sometiéndose a". Por lo tanto las formas correctas son:

- **Sobre** esa base, se firmaron los acuerdos. **Bajo** esa base indicaría que se pusieron a disposición de la otra parte, que se sometieron.
  Utiliza: **Desde** mi punto de vista... Pues tú no eres inferior ni te sometes. Lo incorrecto es **bajo** mi punto de vista.

- Es correcto **Durante** el porfiriato y no **bajo** el porfiriato para referirse a una extensión de tiempo.

Malos usos de la preposición "con"

- En algunos casos se cambia la preposición "a" por la preposición "con", en oraciones que indican movimiento, lo cual es un error. Es incorrecto Debes ir **con** un dentista, pues eso significa que el interlocutor debe ir acompañado por un dentista. Lo correcto es Debes ir **al** dentista.

- También se emplea incorrectamente con los verbos "presentarse", "recomendar" y "quejarse".

Malos usos de la preposición "de"

- Es obligatorio el uso de la preposición "de" después de los verbos y expresiones verbales "acordarse", "estar seguro", "darse cuenta", "tener la certeza" y otros.

Los medios masivos de comunicación propagan expresiones erróneas, que son repetidas sin ninguna reflexión.

Cómo escribir correctamente y sin errores

- Compara: *reloj de arena, reloj de sol*... por lo tanto debe decirse *reloj de pulsera.*

- No debe omitirse la preposición "de" para expresar fechas: *24 de agosto de 2001.*

- No debe reiterarse la preposición "de" en frases como *La separación de la Iglesia y del Estado,* pues el sentido es confuso. Debe decirse *La separación de la Iglesia y el Estado.*

- En los siguientes ejemplos, no debe anteponerse la preposición "de": *a caballo, a pie, adrede, a ratos, a traición, gratis.*

- Por influencia de otros idiomas, se emplea incorrectamente "de" después de verbos de movimiento, como en *Voy de mis amigas.* Lo correcto es *Voy a lo de mis amigas* o *Voy a la casa de mis amigas.*

Estábamos sentados a la mesa cuando Tomás se sintió mal.

Entre *todos los libros prefiero este.*

- Dequeísmo. No debe emplearse "de" cuando se trata de una subordinada objetiva. Lo más rápido para constatar si se usa o no la preposición es reemplazar la forma de la que se duda por **"esto"**: *Comprobó que se había equivocado = Comprobó esto,* por lo tanto no se pone la preposición. En otros casos el verbo de la oración principal exige "de".

Malos usos de la preposición "desde"

La preposición "desde" alude al origen en el tiempo o en el espacio: **Desde** *hace un año, Caminé* **desde** *el centro hasta mi casa.* Por lo tanto es incorrecto emplearla como si fuese una expresión causal: **Desde** *que debía tanto, tuvo que pagar con intereses.*

Capítulo XI - En busca de la perfección

Malos usos de la preposición "en"

- Es incorrecto *sentarse en la mesa*, pues "en" significa, entre otras cosas, *lugar donde se halla algo o alguien*.

- Es incorrecto emplear esta preposición en expresiones como *Hizo una estatua en mármol*. Debe decirse *Hizo una estatua de mármol*.

- Por influencia de algunos idiomas extranjeros, se usa de manera incorrecta en expresiones como *Ir en casa de su abuela*, lo correcto es *Ir a la casa de su abuela*.

- *Acostado en la sombra* significa estar acostado **encima de** la sombra, lo cual es imposible. Lo correcto es *acostado a la sombra*.

- Compara estas dos oraciones: *La reunión se realizó en la noche* y *La reunión se realizó durante la noche*. "En la noche" indica un tiempo puntual, un momento preciso. En cambio "durante la noche" indica que se hizo *a lo largo de la noche*. Por lo tanto *en la noche* es incorrecto, pues no se trata de un tiempo puntual.

Malos usos de la preposición "entre"

- Es incorrecto usar "entre" cuando la frase indica *restricción o elección*, como en *De entre todos los libros, prefiero éste*. Acá sobra una de las dos preposiciones, se debe decir **Entre** todos los libros prefiero éste o *De todos los libros prefiero éste*.

Pocas cosas afean más un texto que el dequeismo. Lee y practica las formas correctas hasta aprenderlas.

Como usar correctamente la preposición "de"

Recuerdo esto.	Recuerdo que me sorprendió.
Supuso esto.	Supuso que vendría.
Me acuerdo de esto.	Me acuerdo de que era muy linda.
Me convencí de esto.	Me convencí de que debía ir.
Está persuadido de esto.	Está persuadido de que es bueno.
Estoy seguro de esto.	Estoy seguro de que lo lograrás.
Dudo de esto.	Dudo de que lo asciendan.
Me alegro de esto.	Me alegro de que te cases.
Lo haré a condición de esto.	Lo haré a condición de que vengas.

Cómo escribir correctamente y sin errores

"De entre" estará bien usado para indicar lugar: *Se escabulló **de entre** los matorrales*.

Malos usos de la preposición "hasta"

Las confusiones gramaticales más comunes se dan con las preposiciones.

- Cuando hay dos adverbios de negación, el emplear "hasta" dificulta la comprensión del mensaje, como en *No me iré hasta que no me paguen*. En lugar de esto, emplea "mientras" o suprime una de las negaciones: *No me iré hasta que me paguen*.

- Debe evitarse el saludo *Hasta ahora*. Reemplázalo por *Hasta luego*, *Hasta la vista*, etc.

Malos usos de la preposición "para"

- Uno de los usos de la preposición "para" es indicar finalidad, como en *Trabajo **para** vivir*. Por lo tanto, decir *Jarabe **para** la tos*, indica que la finalidad del jarabe es... ¡favorecer la tos! Lo correcto es decir *Jarabe **contra** la tos*.

Malos usos de la preposición "por"

- Suele empleársela erróneamente en la expresión *No pude **por** menos que...* Lo correcto es decir *No pude menos que...*

- También es un error decir **por contra**. Debe decirse **por el contrario** o **contrariamente**.

Malos usos de la preposición "sobre"

- "Sobre" indica lugar real o figurado. Por lo tanto está mal empleada en *Trabajo **sobre** pedido*; lo correcto es *Trabajo **a** pedido*.

- También es incorrecta la expresión *Cuatro **sobre** diez alumnos aprobaron el examen*, pues indicaría que esos que aprobaron estaban ubicados encima de los otros. Debe reemplazarse por *De diez alumnos, cuatro aprobaron el examen*.

- No debe usarse "sobre" para indicar tema o argumento si la frase se refiere a un lugar, pues crea confusión: *Habló **sobre** la terraza*. ¿Indica el tema de su charla o el lugar desde donde habló? Debe reemplazarse por el giro adverbial "acerca de": *Habló **acerca de** la terraza*.

Corrección de malos usos de adjetivos apocopados

Apócope es la pérdida de una o más letras al final de una palabra, como en *buen samaritano*. El adjetivo *bueno* perdió la *o* final. Muchas veces con ciertos adjetivos se cometen errores, pues las reglas para apocopar varían de un adjetivo a otro. Observa el siguiente listado.

- **Alguno.** Apocopa ante masculino singular, aunque haya otras palabras en el medio, como en *algún maravilloso cuento*. Delante de adjetivos femeninos que comienzan con 'a' acentuada se produce la apócope: algún águila voraz.

- **Cualquiera.** Apocopa ante masculinos y femeninos: *cualquier día*, *cualquier hora*.

- **Postrero.** Sólo apocopa ante masculinos. Así es correcto *el postrer día* e incorrecto *la postrer entrega*.

- **Primero.** Sólo apocopa ante masculinos. Por lo tanto es un error *la primer cana*.

Uso correcto de adverbios

- **Abajo.** No debe estar precedido de las preposiciones "a" y "de". Para indicar lugar se reemplaza por **debajo de**. Formas correctas: **Debajo de** la mesa está el tapete, Lo miró de arriba **abajo**.

- **Adelante.** No debe seguirle la preposición "de". Se reemplaza por "delante": *Los niños y el padre caminaban* **delante de** *la madre*.

- **Adonde.** Debe emplearse sólo con verbos de movimiento. Se reemplaza por *donde*. "La bolsa estaba **donde** la había dejado".

- **Aparte.** No debe emplearse con el significado de además. Así, la expresión *Aparte de Julio llegó María* es incorrecta.

- **Atrás.** No debe seguirle la preposición "de". Lo correcto es **detrás de**.

Formen fila delante de *mi*.

Si tienes muchas dudas acerca del uso correcto de las preposiciones, te convendrá comprar un diccionario de dudas del idioma.

Capítulo XI - En busca de la perfección

Cómo escribir correctamente y sin errores

Los buenos diccionarios traen un listado de verbos con las preposiciones que deben seguirles. Cuando tengas dudas, consúltalos.

- **Cerca.** No debe seguirle un adjetivo posesivo. Así, lo correcto es *cerca de mí* y *cerca mío* es incorrecto.

- **Como.** No debe usarse con el significado de *algo*, así es incorrecto *Estoy como cansado*. Debe decirse *Estoy algo cansado*.

- **Delante.** No debe seguirle el adjetivo posesivo. Lo correcto es **delante de mí**.

- **Despacio.** Significa *lentamente*; es un error utilizarlo en lugar de en *voz baja*. "Hablaba despacio" significa que hablaba con muchas pausas.
Lo correcto es *"Hablaba en voz baja"*.

- **Después.** Las expresiones **después de** y **después de que** son correctas. Dependerá de la construcción de la frase cuál se utilice.

- **Detrás.** No puede seguirle un posesivo, por lo tanto lo correcto es **detrás de mí**.

- **Enfrente.** Le sigue la preposición "de". Lo correcto es *Está sentada* **enfrente de** *mí* y no *Está sentada* **enfrente** *mío*.

- **Frente.** Debe construirse con la preposición "a", y no con posesivos: *Lo tienes* **frente a** *ti*.

- **Medio.** Significa *no por completo* y, como todo adverbio, no concuerda con un sustantivo, por lo tanto es incorrecto "media hermana", "media cansada", y otras expresiones, pues significan *mitad de hermana*, *mitad de cansada*, etcétera.

- **No.** Debe evitarse en oraciones exclamativas, pues confunde: *¡Cómo no lo apoyaremos!* Dígase en positivo: *¡Por supuesto que lo apoyaremos!*

- **Sin embargo.** Expresa una oposición parcial a algo dicho antes: *Es muy inteligente,* **sin embargo** *no quiso seguir estudiando*. No debe usarse con el significado de *en cambio*, como en *Decía que quería conocer Roma, sin embargo se fue a París*. Es una expresión incorrecta.

¡Lo tienes frente a *ti!*

Títulos publicados

Cómo hablar correctamente y comunicarnos mejor explora las diversas técnicas para expresarnos con seguridad ante un público numeroso. Además, facilita el desarrollo del lenguaje práctico potenciando así las posibilidades de comunicación. Esta y otras obras de la reconocida autora **María Teresa Forero** constituyen una herramienta indispensable para saber utilizar perfectamente todos los recursos del lenguaje.

Cómo elegir mejor qué estudio cursar despliega el extenso panorama de posibilidades a la hora de pensar nuestro futuro. Aborda exhaustivamente todos los requisitos para ser un excelente profesional en el mundo de hoy. Esta obra de la destacada psicopedagoga **Silvia Storino** es un manual de consulta imprescindible para tomar decisiones que se ajusten con mayor precisión a nuestras necesidades.

Cómo leer velozmente y recordar mejor presenta una gran variedad de métodos que nos ayudarán a mejorar la lectura y la comprensión. A su vez, aborda técnicas de concentración y memorización que nos permitirán asimilar distintos tipos de textos en un tiempo reducido.

Autora **María Teresa Forero**.

Cómo escribir correctamente y sin errores ofrece un análisis detallado de los distintos tipos de textos y su clasificación. Aporta además los elementos necesarios para redactar eficientemente todo tipo de escrito.

Autora **María Teresa Forero**.

Hay más títulos en preparación